2016年9月、多くの人のいろいろな想いをのせて
ついにB.LEAGUEがスタート。

開幕にあたり「日本中にいるバスケ好きの人たちの熱を、
1人の架空の選手の背中に込めました(上記イラスト)」と
「スラムダンク」の作者・井上雄彦氏。

リーグの経営戦略・ビジョン策定から携わり、
各部門の統括リーダーとして事務局の陣頭指揮にあたった
著者・葦原一正が、B.LEAGUEの立ち上げ、現在、そして未来を、
自身の言葉で語りつくす。

稼ぐがすべて

Bリーグこそ最強のビジネスモデルである

B.LEAGUE 常務理事・事務局長
葦原一正
Kazumasa Ashihara

はじめに

２０１８年5月26日（土）。場所は横浜アリーナ。
B.LEAGUE２年目の最終試合である年間優勝クラブ決定戦（B.LEAGUE FINAL）が行われた。対戦するのは東京の雄・アルバルク東京VS最多入場者数・千葉ジェッツ。

コートの頭上にはＮＢＡのような眩いばかりの大きなビジョンが吊られ、２階には外周ぐるりとリボンビジョン。テレビ中継され、マスコミも大挙して訪れた。

そして、スタンドを見渡せば、たくさんのファン。

１万２３１６人の超満員。

決してチケットの値段は安くないのにもかかわらず、一般発売初日に完売。チケットの平均客単価は７２００円。普段の試合のプロ野球やサッカー（Ｊ１）は２２００〜２５００円、2017–18シーズンのＢ１レギュラーシーズンが２０００円と考えるとかなりの強気のプライシングである。ＮＢＡでさえ、チケット客単価は６０００円である。

売上は８５００万円超。ついに、来年のＦＩＮＡＬは１試合で１億円のチケット収入を狙えるところまでにきた。今はまだ難しいが、各クラブのホーム試合すべて（30試合）が、この横浜アリーナのようになれば、チケット収入だけで各クラブが30億円稼ぐことになる。お客様からすれば、当然、もっと求めやすい値段にしてほしいと言われることだろう。

でも、私には絶対譲れない信念がある。

それは、稼いでこそすべて。

今までのスポーツ団体では、お金や収益化の話はどこかタブーの雰囲気があった。学校スポーツの影響力が強く、お金の臭いがしないことがなぜか美徳とされてきた。

はたして、本当に稼ぐことはタブーなのか？

従来の考えは、バスケをする人を増やし、すそ野が広がっていけば、いつか日本代表が強くなり、とくに1976年以降オリンピック出場から遠ざかっている男子日本代表が強くなれば、いつかファンが増え、事業規模が大きくなると思い込んでいた。

つまり、「普及」すれば、「強化」につながり、いつか「収益」につながる、と。

そのような気の遠くなるような進め方で本当に改革ができるのか？

まずは徹底的に「収益化」に特化すべきと私は考えていた。なぜなら、稼ぐことは、ビジョンとリーダーシップと人材確保で達成することができるから。いわゆる普通のビジネステクニックで変えることができる。普及していなくても、代表が強くなくても稼げる。そして稼いではじめて、普及や強化に投資できる。「鶏が先か？ 卵が先か？」。どちらを先に増やすかを考えるよりも、逆転の発想で、仕組み自体にイノベーションを起こすことが、この世界で必要だと考えていた。

そして何より、我々は「プロ」のリーグである。

スポーツのサイクル

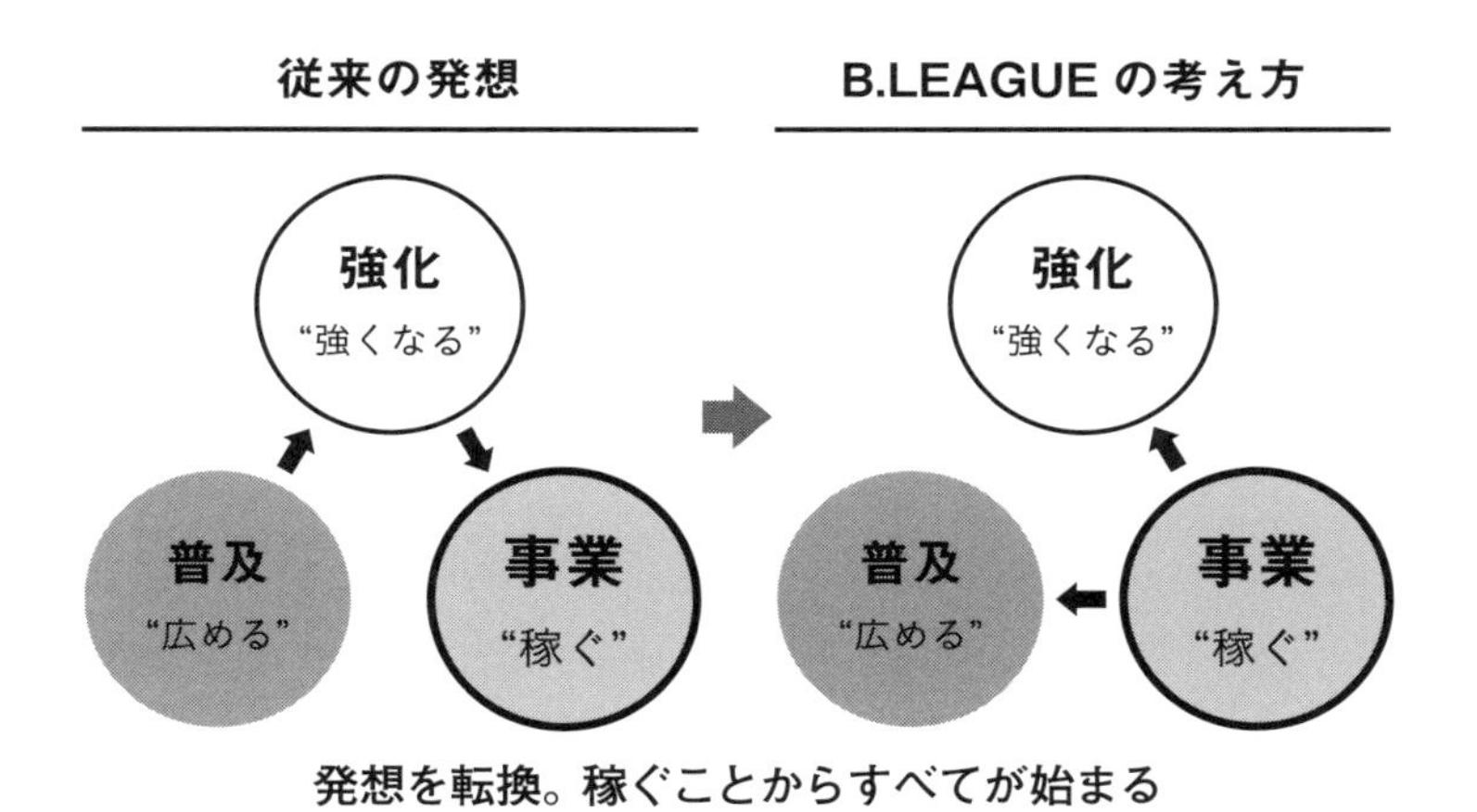

発想を転換。稼ぐことからすべてが始まる

私は新人選手研修で毎年、必ず言っていることがある。

「選手の皆さんがパフォーマンスを発揮して勝利を目指すことは重要。でも、それは当たり前。それでだけではいけない。プロならファン、スポンサー、メディアの皆さんを大事にしてビジネスであることを意識しなくてならない」と。

勝つことは必要条件であって、十分条件ではない。必要条件と十分条件を混同することがある。プロであればお金から逃避してはならない。世界を意識したエコノミクス（経済性）は重要である。


何もないところから立ち上がったB.LEAGUE。

もちろん私がすべてをやったわけでもないし、全選手、全クラブスタッフ、行政、スポンサーやメディアなど各ステークホルダーすべての方のご尽力で立ち上がった。１９０１年にこの日本にバスケが生まれ、以降の先人の方々のご尽力もあり今、バスケ界がここまで来ている。


ただただ、B.LEAGUEの立ち上げの歴史をまとめることで他の競技団体の何か参考になれば、そしてこれからの日本スポーツ界のために何か残せればという想い、そして、普段、普通に働いているなかで、何か新しいものを生み出したいと思っている同世代の方々に何かヒントになるものがあればと思い、今回ペンをとらせていただいた。

本書の内容は、立ち上げのストーリーをできるだけ生々しく記しながら「人材採用論」からはじまり「リーダーシップ論」「事業戦略論」「マーケティング戦略論」「営業論」などの本質的ポイントをまとめたつもりである。

まだまだ未完成な部分も多く、かつ理系人間ゆえ文章が決して上手ではないが、なるべく包み隠さず不器用なりに一生懸命表現したつもりなので、ぜひ最後までお読みいただければ幸いです。

著者

2018年8月

第3章 野球・サッカーを超える【事業戦略論】

第4章 ターゲットは「若者」と「女性」【マーケティング戦略論】

第5章 B.LEAGUE流！ お金の稼ぎ方の本質【営業論】

本書構成の紹介

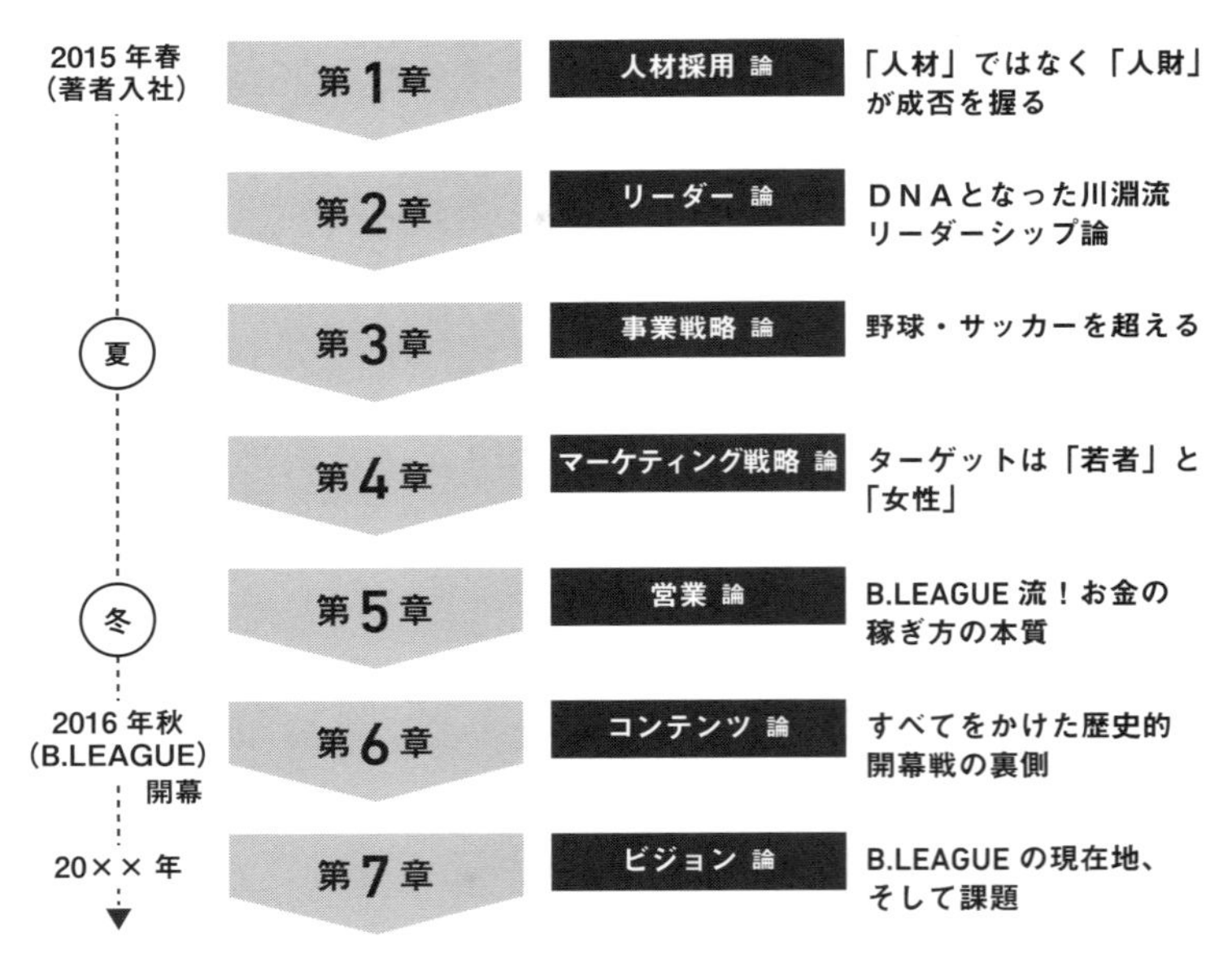

以降、著者の考え方を７つのキーワードに沿って展開していく

第1章

「人材」でなく「人財」が成否を握る

【人材採用 論】

①身内（バスケットボール出身者）で固めない
②プロフェッショナルマインド。自分に対しても
　はっきり意見を言ってくれる人
③徹底的に「べき論」で語れる人
④片道切符（出向禁止）
⑤若手、女性の積極登用

銀行口座もない、ルールもない、机ひとつ、
1人きりのスタート。
2015年6月1日、事務局長として
着任後、私がいちばん初めにした仕事は
「人財」探しであった。

01

Jリーグ5年に対し、B.LEAGUEはわずか1年

準備期間が短い！　過去の思考はすべてリセット
「ゼロベース思考」で

NBLとbjリーグ、2つに分かれていた
日本のバスケリーグが統合された
統一リーグは、Jリーグを立ち上げた
川淵三郎氏主導のもと、
単なる2つのリーグの統合ではない、
まったく新しいプロリーグを創設する
という「新リーグ構想」によって
動きだした。

バスケ新時代の始まり

２０１６年９月、野球、サッカーに続く第３の団体競技プロスポーツとして開幕した、男子プロフェッショナルバスケットボールリーグ「B.LEAGUE」。

公式試合では世界初となる全面ＬＥＤコートを核にした革新的な演出が話題となり、開幕戦が行われた東京・国立代々木競技場第一体育館はスタンドを埋め尽くす約１万人の超満員の観客。そして、日本のバスケ界で初となる地上波ゴールデンタイムでの生中継となったフジテレビ、そしてＮＨＫ　ＢＳ。くわえてスポナビライブ、さらにLINE LIVEでの配信など、テレビ・インターネットを通じ多くの方にご覧いただいた。

こうしてバスケ新時代を迎える歴史的な日は華々しくスタートを切ったのである。

B.LEAGUE、その誕生まで

B.LEAGUEが誕生した一方で、ＮＢＬ、ｂｊリーグはその歴史に幕を閉じた。

バスケ新時代と言われるゆえんは、20年以上の長きにわたっての悲願だった

「国内唯一」の「プロリーグ」が誕生したからだ。

ニュースでもご存知の方が多いと思うが、昨季まで国内には企業チーム主体のＮＢＬ（ナショナル・バスケットボール・リーグ）と、プロチームだけで構成されるｂｊリーグと２つの男子トップリーグが存在していた。そのことを普及・強化の観点から問題視したＦＩＢＡ（国際バスケットボール連盟）が、統合をうながしていたが、互いの主張が平行線をたどり、話が進まない状況が続いていた。

５年も前から再三、リーグ統合を促されてきたものの、実現には至らず、しびれを切らしたＦＩＢＡがすべての国際試合の出場を無期限で禁じる、という厳しい制裁を、ついに日本に下した。男子だけでなく女子も含めて、である。２０１４年11月のことだった。

このままでは２０１６年夏に開催されるリオ五輪（リオデジャネイロ・オリンピック）への出場ができないという異常事態になった。63万人におよぶバスケットボール競技者たちの夢は風前の灯。とくに女子日本代表は２０１３年のアジア選手権で優勝しており、２０１５年夏から始まるリオ五輪でのアジア予選通過が有望だと言われているなかでの制裁だった。

そこにサッカーＪリーグを立ち上げ、国内スポーツの代表格まで押し上げた川淵三郎氏が登場し、わずか９カ月で２リーグを１つにしたのである。その功

B.LEAGUE 開幕までにすべき主な仕事

戦略

ミッション策定	事業戦略構築
事業計画策定	規約策定
リーグ構造設計（クラブ数、地区数など）	B1～B3 振り分けクラブ審査
クラブライセンス制度確立	配分金ルール策定

ビジネス

チケットプラットフォーム構築	リーグパートナー交渉 / 契約
EC プラットフォーム構築	放映権交渉 / 契約
リーグサイト立ち上げ	クラブサイト移行準備
リーグ公式 SNS 立ち上げ	映像制作体制構築

組織

採用活動	評価制度策定
銀行口座開設	経理会計システム構築

競技

年俸ルール策定	外国籍選手ルール策定
競技ルール全般策定	ユース構想策定

広報・ブランディング

リーグ名決定	リーグロゴ決定
開幕戦会場・演出検討	プロモーション計画立案 / 実行

J リーグの準備期間は 5 年。B.LEAGUE はたった 1 年。
とにかく時間がないので、多種多様な仕事をスピード重視で進めた

績が認められ、国際試合の出場停止処分が解除され、男女ともリオ五輪のアジア予選に出場できることになった。そして川淵三郎氏主導のもと、統合ではない、まったく新しいプロリーグを創設するという「新リーグ構想」によって、国内唯一の男子トップリーグが誕生した。それがB.LEAGUEなのである。

統合ではない「新規創設リーグ」

スポーツ界に身を投じた私の立場から見ると、外圧（FIBA）と、川淵三郎というカリスマ性をもつ、強烈なリーダーシップで、「奇跡的」に1つになった。このタイミングで私が加わり、新リーグ創設の準備を任された、ということになる。

さきほども申し上げたように、2つのリーグが1つになったが、統合ではない。既存のチームには、所属していたリーグ（NBL、bjリーグ）に退会届を出し、新リーグへの入会申請を行っていただき、そのうえで新リーグの基準に合ったチームのみ参加が許される、という段取りにした。単なる2つのリーグが統合された新リーグではなく、**新規創設という考え方で進めていたので、過去の思考はすべてリセットして、ゼロからすべてを作り上げた**のである。ここが大きなポイントだ。競技のルール、ビジネスの考え方も、ゼロスクラッチでやってきた。

人事に関しても、基本的に新規採用スタッフで進めた。旧リーグ（NBL、bjリーグ）のスタッフは、圧倒的な実績がない限り、基本的には受け入れなかった。企業統合などでよく起こる、たすき掛け人事みたいなことをしている暇はなかった。なにより旧リーグにおいて、どちらがより正しかったか？　みたいな論争をしている余裕もなかった。

規約制定、競技ルールの策定、スポンサー獲得、システム構築など準備期間にやらなければならないことは盛りだくさん。もともとJリーグは5年かけて準備していたのを、B.LEAGUEは1年で行ったので、かなりのスピード感をもって進めなければならなかった。そのようななか、私が第一号社員として入社したのは2015年6月1日のことだった。

葦原の気づき

構想も人事も既存はすべて断ち切り、「真っ白な画用紙」から色を塗る。今、振り返ると、これが最も大事なファーストステップであったと思います。

02

なぜ私がプロ野球ビジネスからバスケの世界にきたのか？

外部からみてバスケのもつポテンシャルに惚れ込む

横浜ＤｅＮＡベイスターズを退職後、コンサルティング会社でスポーツ業界を担当していた私が可能性の宝庫と見ていたのがバスケだった。そんななか、バスケの世界に入るきっかけが人材エージェントからの１本の電話だった。

入社のキッカケ

私がバスケの世界に入るきっかけは人材エージェントからの1本の電話だった。それは2014年の春のことである。

「葦原さん、新しくできる男子プロバスケットボールリーグの事務局長のポストを探しているのですが、誰かご紹介いただけませんか?」と。

私は何人かパッと思いついた方をご紹介した。

そして1週間後、再度人材エージェントからの電話。

「例の新しくできる男子プロバスケットボールリーグの事務局長のポストですが、葦原さん、ご興味ありませんか?」と。

そのようなオファーが自分に? 事務局長といえば、スポーツ界では50~60代の方が就いているイメージなので驚いた。当時、私は37歳だったから。

それまでは外資系のコンサルティング会社で大手製造業会社の事業戦略立案や、研究開発戦略立案に携わり、その後、中学時代からの念願かなってプロ野球ビジネスの世界へ。オリックス・バファローズ、そして横浜DeNAベイスターズと2つの球団を経験。なかでも横浜ＤｅＮＡベイスターズではＴＢＳから横浜ベイスターズの買収を決めた7年ぶりの新規参入の立ち上げ期に入社し、社長室長として事業戦略の立案やプロモーション関連業務などを担当していた。

そういった企業戦略の立案やチームの立ち上げを含めたスポーツビジネスの世界にいた経験や知識、そして若さが生むダイナミックさに期待をしてくださってお声がけいただいたのだと思う。

それまでバスケには縁がなかったのだが、横浜ＤｅＮＡベイスターズを退職後、B.LEAGUEに入社するまで、コンサルティング会社でスポーツ業界を担当しており、さまざまなスポーツを調査していくうちに、可能性の宝庫と見ていたのがバスケだった。

バスケのもつポテンシャル

バスケは実は世界一競技人口の多いスポーツで、国内の競技登録者はサッカーに次ぐ60万人以上。サッカーの競技者登録人口のうち男性が97％（２０１７年度）であるのに対して、バスケは男女比が均等であるという要素は大きなアドバンテージである。

また若年層がバスケに対して興味を抱いているのは極めて大きな特徴である。B.LEAGUEが２０１５年に行った調査で、観戦したいスポーツは何かと聞いたところ、10代から30代でバスケは上位を占めた（30ページ下図参照）。とくに10代女性は1位の野球とほぼ同ポイントで、人気の高さ、そしてポテンシャルの高さを感じる。一方、40代以上はバスケに恐ろしいほど無関心であった。後にターゲットを明確にしているのだが、B.LEAGUE全体としては40代以上の層については現状はあえて見送り、若い層をメインターゲットとした。

このデータはあくまでもバスケを「観たい人」（潜在層）であるが、実際観に来ている人（31ページ参照）の傾向値を見てみると、女性が46％と約半数を占めていた。サッカーは30％後半なので、女性比率の高さは顕著である。また年代の視点で見ても、20～30代だけで、全体の約60％を占めており、若年層に支えられている点は、来場者の高齢化が進む野球、サッカーとは大きく特徴が異なる。

しかも、野球やサッカーとは開催されるシーズンがずれており、また2時間できっちり試合が終わるので、放映権が売りやすいといった、直接ビジネスにつながるような強みもあった。いろいろな面から見てチャンスがあり成功できるに違いない、と喜んで事務局長を引き受けさせていただいた。

プロ野球に従事していた頃から感じていた、「日本のスポーツビジネスが抱える本質的な問題を、バスケットボールから変えられるかもしれない」……そう思ったからである。

私が野球からバスケ界へ移った理由

日本のNPB（日本野球機構）とアメリカのMLB（メジャーリーグベースボールリーグ）の市場規模は、実は約20年ほど前までは、ともに1500億円前後でほぼ同じだった。しかし現在はNPBが1800億円前後であるのに対して、MLBは1兆円強と、その差は大きく開いている。

成功の要因は、オンラインチケットやデジタルコンテンツ販売などのデジタルマーケティングの果たす役割が大きい。そして、ファンのニーズをつかみながら、リーグ全体の運営を強化し、あらゆる機能をチームごとではなくリーグに統一し、「リーグ主導のガバナンス」で市場規模を広げられたことにある。

その点、日本の市場規模が小さいのはリーグガバナンスが図れていないことによる。そういった私自身が感じていた課題を、今のバスケ界なら構築できる！ と。外圧がきっかけではあるが、バスケットボール界はB.LEAGUEとして新リーグを発足するにあたり、日本バスケットボール協会の幹部も一新された。協会とリーグが同じタイミングで変わることはめったにないことである。**過去の遺産もなく、事業戦略を含めてゼロスタートできる環境**だったことは、私が野球界からバスケの世界へ移った大きな理由である。他のスポーツのリーグではなし得なかったような大改革が、今ならできると考えたからである。事務局長として新リーグを創る。そこに、迷いはなかった。

葦原の気づき

「顕在性」でなく、「潜在性」の見極めが重要。今回の場合、まず、バスケ競技者人口が多いという市場の潜在的ポテンシャルが大きかったこと、そして、スポーツビジネスにおいて最も重要であるリーグガバナンスの再構築が可能で、抜本的に変革できる可能性を感じていました。

バスケの特徴①：競技人口

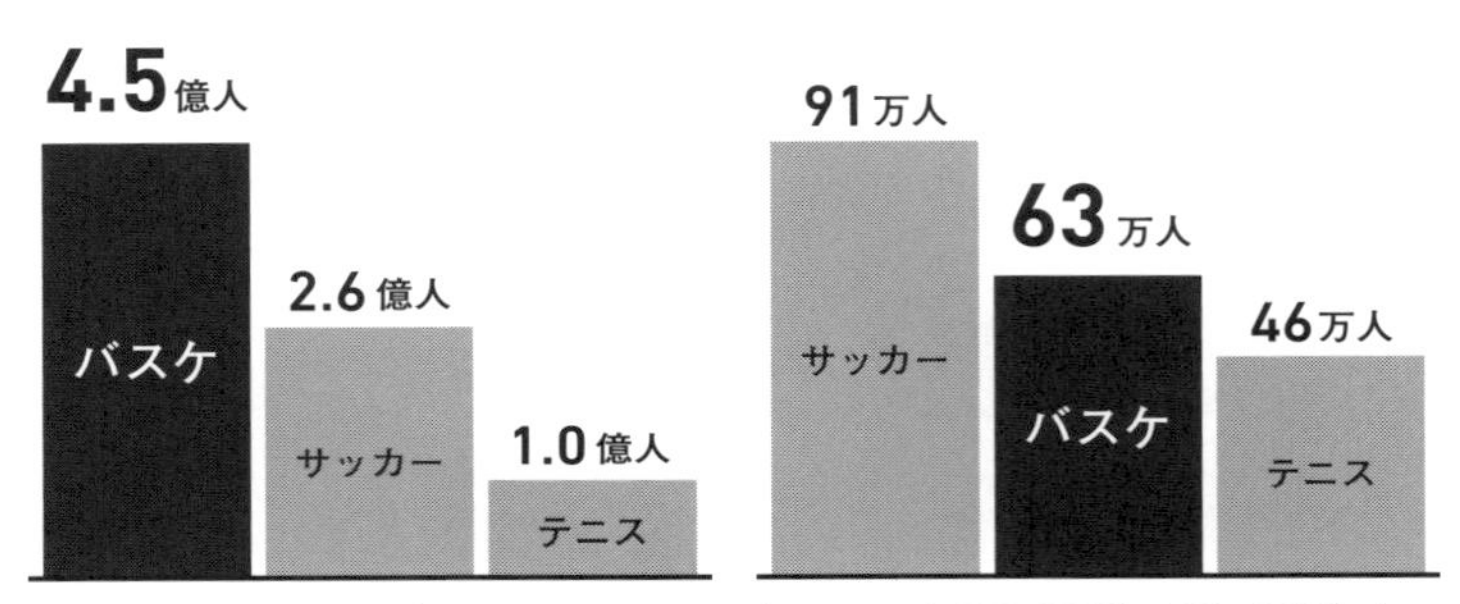

SOURCE: FIBA/FIFA/ スポーツ・マーケティング・サーベイ /JFA（2017）/JBA（2017）/
笹川スポーツ財団「中央競技団体現況調査 2016」
1：競技者登録制度のない野球は除く

世界で最もプレーヤーの多い競技はサッカーではなく、バスケ

バスケの特徴②：観戦意向者（性別・年代別）

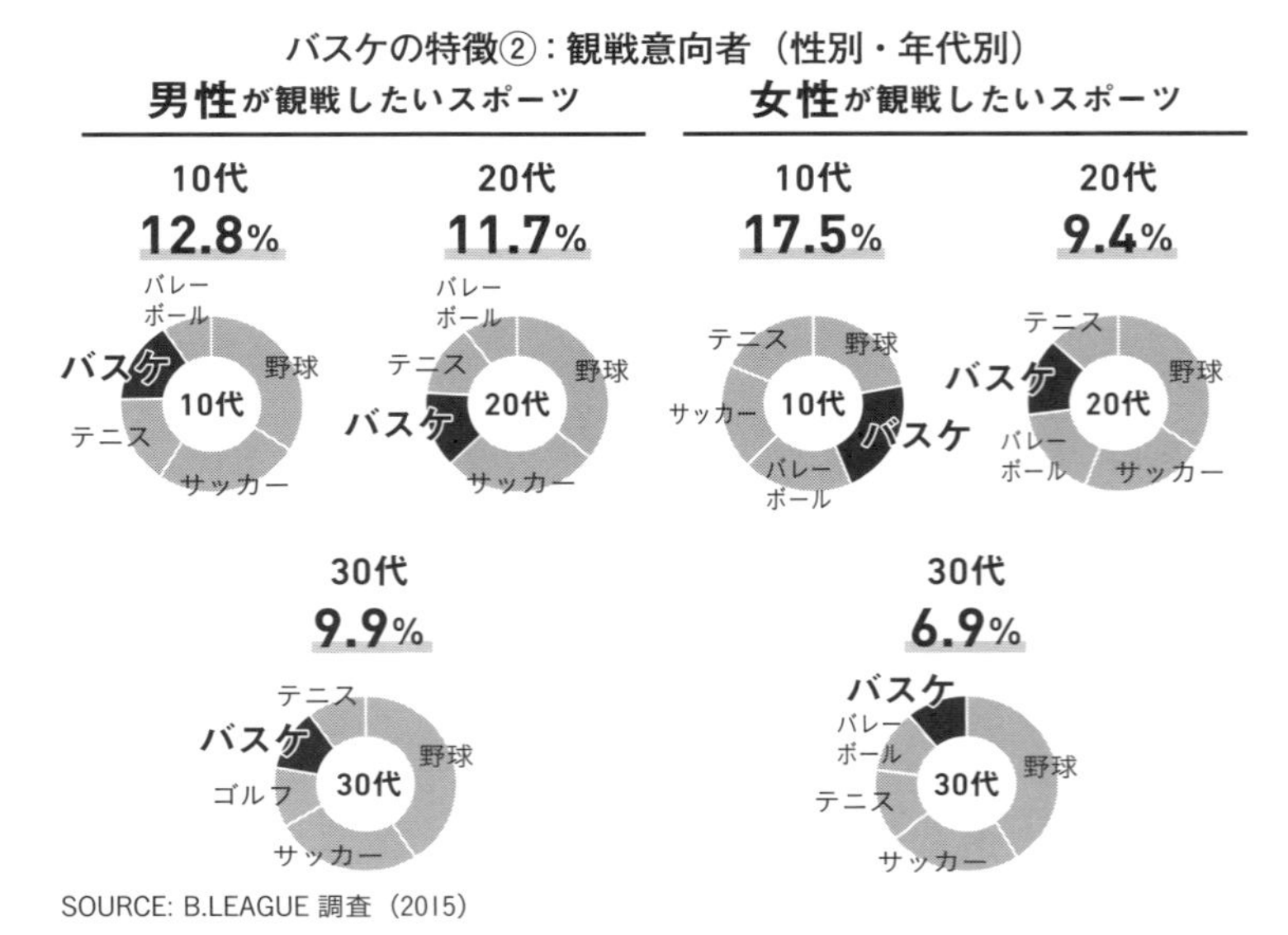

SOURCE: B.LEAGUE 調査（2015）

観戦意向は若い世代で高く、
日本の新たな観戦スポーツとしての可能性を秘めている

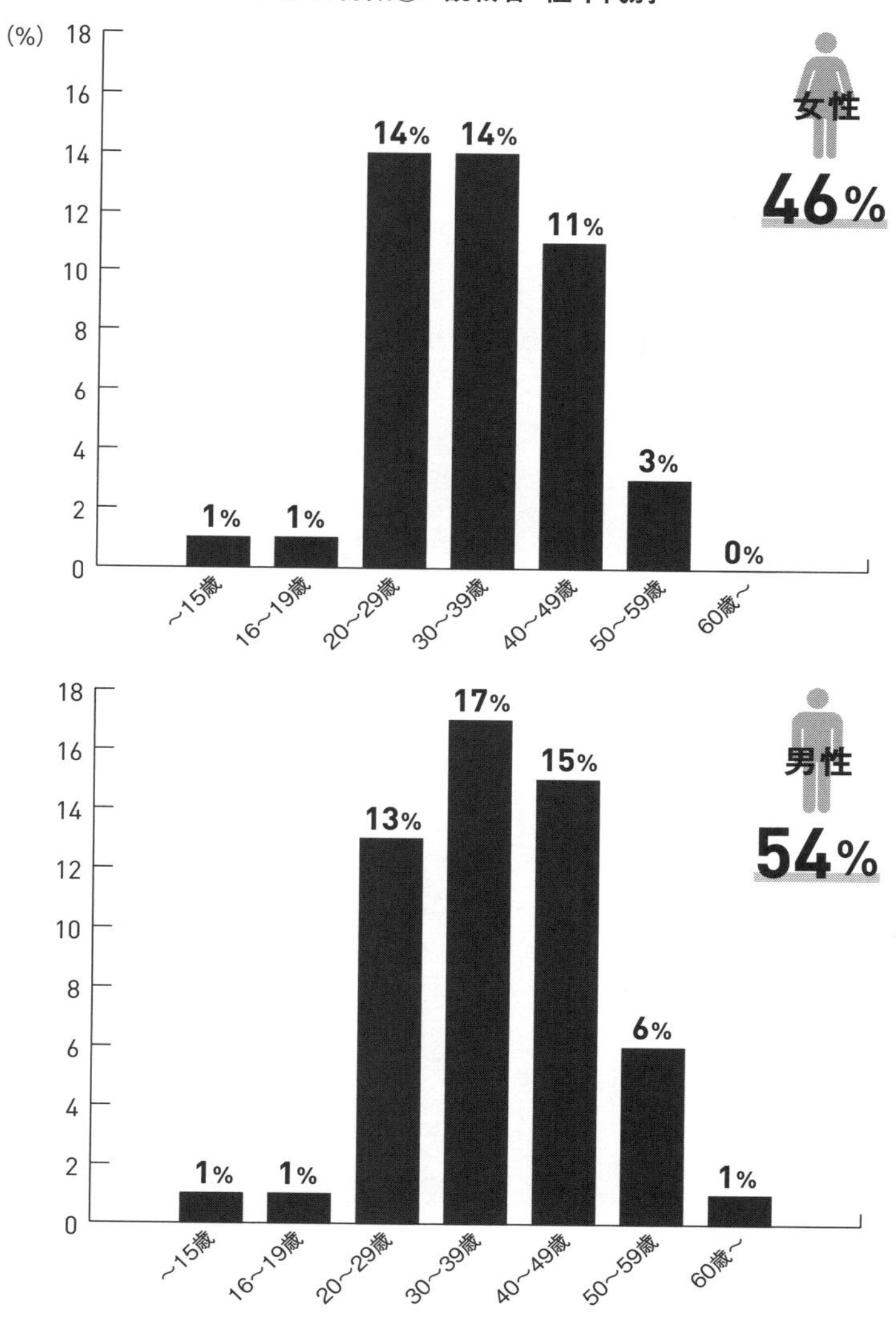

1：B.LEAGUE　2016-17シーズン　B.LEAGUEチケット属性

野球、サッカーと比し、観戦者の女性比率（46%）が高い。
とくに若い女性層が多い

03

まずは人集め。
ぶっとび人財を探せ!

3人のキーパーソンとの出会い

開幕まで1年しかない。
とにかく早くスタートして、
自分ががむしゃらに働き、大きな売上を、
と焦っていた。しかし急がば回れ。
まずは有能なスタッフ探しから
スタートした。
「人」がすべてのキー。
私1人では何もできない。

※前リーグ
NBL（ナショナル・バスケットボール・リーグ）とbjリーグ合計値

急がば回れ、準備期間が短いからこそ「人」に頼る

超満員で開幕を迎えた男子プロバスケットボールリーグ「B.LEAGUE」は２０１８年５月に、年間優勝クラブ決定戦（B.LEAGUE FINAL）を終え、２年目のシーズンが終了した。

２年目の入場者数は２５０万人。リーグ売上も50億円となった。前リーグ※と比較し、入場者は50％増、スポンサー契約や放映権といったリーグ売上は10倍と、他のプロスポーツ興行と比較しても、非常に良い結果を出すことができた。また、知名度ゼロからスタートしたB.LEAGUEは開幕直後の認知率調査では65％までに上昇。バレーボールを抜き、プロ野球、Ｊリーグに次いで3位に躍進した。

なぜ準備期間がＪリーグの５分１のわずか1年で、ここまでの成果を上げることができたのか？

私は「人」がすべてのキーだと思っている。私１人では、当たり前であるが何もできない。

今や大人気クラブとなった沖縄県沖縄市を本拠地とする琉球ゴールデンキン

グス・木村達郎社長と2015年にはじめて沖縄でお会いしたとき、おっしゃっていた言葉がとても印象に残っている。

「キングスを2倍にするのであったら、たぶん全部自分でやっていた。そのほうが早いから。でも、あるとき、10倍にしたいと思って、みんなに頼ることにした」

B.LEAGUE流！　幹部人材採用の5つのポイント

当時の自分は開幕まで1年しかないので、とにかく早くスタートして、自分もがむしゃらに働き、大きな売上を、と焦っていた。しかし、結局は、急がば回れ。現場でじたばたするのをぐっとこらえ、まずは有能なスタッフ探しからスタートした。

私は「人材」ではなく「人財」がキーだと思っている。すべてはここにかかっている。以前、誰かから聞いたことがある。

・「人材」は人のもつ可能性を加工して成長させるイメージ
・「人財」はあるがままの素材を活かすイメージ

だと。

成長する企業と成長できない企業、それは人の差である。とくに短期間での立ち上げとなると、人のもつ可能性を成長させる時間はない。設定したゴールへ向かって、それぞれの役割を全うできる「人財」が必要である。そこで、幹部クラスは人材でなく人財を探した。

採用するにあたり私が重視していたのは、次の5つ。

> **①身内**（バスケットボール出身者）**で固めない**
> **②プロフェッショナルマインド。自分に対してもはっきり意見を言ってくれる人**
> **③徹底的に「べき論」で語れる人**
> **④片道切符**（出向禁止）
> **⑤若手、女性の積極登用**

①の「身内で固めない」の意図としては、会社の統合と同じで、社内闘争やたすき掛け人事になりがちなので、NBL、bjリーグ出身者は積極的には採用しないスタンスでいた。

そのうえで、ぶっとんだ人が欲しいな、と考えていた。B.LEAGUEの合言葉は「BREAK THE BORDER ～前例を笑え！常識を壊せ！限界を超えろ！～」である。人探しの時期には言語化されていなかったが、会社の方向性として、漠然と私の頭にあった。

ぶっとんだ人が欲しい

入社当初、川淵さんからいつもこう言われていた。

「絶対に過去の延長線上で物事を考えるな」と。

今までと同じことをしていたら過去と同じだ。その上のステージにいくには前例を超えたアイデアを出し、それを実行していかなければならない。久々に日本スポーツ界にできたプロリーグが新しいことをしなければ、存在意義もない。幹部が常識人だと、スタッフレベルがぶっとんだアイデアを出しても潰されてしまう。

ぶっとんだ人（＝常識にとらわれない人）が権限を持ち、事業を推進していってもらいたいと考えていた。そして事務局長の私に厳しい意見を進言してくれる人。

「何がしたい、何々ができます」より、「こうあるべきでこうしなければならない」と自分の言葉で語れる人。よく面接で熱く「こういうことがしたいんです！」と語ってくる方がいらっしゃるのだが、そういう方はだいたい採用をお断りしている。「やりたいこと」はあくまでも趣味。「できること」はただの特技。「すべきこと」こそ我々リーグのミッションだと捉えている。クラブと異なり、リーグの根幹は中立であり、常に「あるべき姿」をもとにロジックで説明する。つまり、業界全体を情熱とロジックで推進していかなければならない立ち位置なのだ。

また、採用段階において、一部の方から「出向」相談もあったが、すべてお断りした。売上高0円で出発した船だが、生きるか死ぬか運命共同体でないと組織としての一体感も醸成できない。リーグに入っていただく方には全員命綱は切ってもらった。また、何よりつらかったのが、年俸交渉。

当たり前ながら、売上が見えていないので、人件費はほとんどかけられなかった。ほぼ全員、減額でリーグに来ていただいた。転籍で減額。「とにかく売上をしっかり作って、いつかそのリスクをリターンでお返ししたい」……当時、私は強く思っていた。

前述の、①～⑤まで優先順位はあるものの、リーグの成功の可否を握る、この5つを重視した幹部人財探しが始まった。

3人のキーパーソンとの出会い

入社した初日、真っ先にしたこと。それはマーケティング部長候補として私の頭にあった、当時横浜DeNAベイスターズにいた安田良平への電話だった。その昔、埼玉西武ライオンズから引き抜いて横浜DeNAベイスターズに入社させた、かつての同僚である。彼が秀でているのは「実行力」。こういうことをやりたい、やるべきだと話せば、周りを巻き込み、いつの間にか作り上げてくれるのだ。

電話での第一声は、「え、急に何の電話??」

「まあ、とりあえずご飯でも食べましょう」とだけ伝えて、2015年6月上旬、浜松町付近の古びたレストランでランチをしたのが、昨日のように思い浮かぶ。

このパターンは横浜DeNAベイスターズのときに続き2度目だったので、彼も食事前から何の相談をされるか察していたようだ。明確に激しく口説くこともなく、ランチが終わるころには「一緒に頑張りましょう」とだけ会話した記憶がある。

日本のスポーツ界では普及していないが、MLBやNBAのようにビジネスとして成功させるためには、そのモデルを取り入れてデジタルマーケティング※を徹底推進していきたいと考えていた。

そして、そのデータベースを活用しB.LEAGUEの市場価値を高めていき、将来的には競技者人口63万人と観戦者情報もつないだ大きなデータベースを構築する。データベースを活用することによって、プロの試合を観るだけだった人が競技を始めたり、プレーヤーだった人が試合を観戦するきっかけになったり、といった状況を作り出していきたいという想いがあった。

彼は、東北楽天ゴールデンイーグルスと横浜DeNAベイスターズの2球団で会員組織をはじめ事業の基盤を作る仕事を経験していた。開幕までの時間がないなか、彼の実行力とその経験は新リーグにとって必要不可欠だと思っていたので、入社を決めてくれた時点で「この仕事、勝利だ！」と確信したキーパーソンのひとりであった。

次に広報部長探しである。ブランディング構築を含めた新リーグの見せ方は

※デジタルマーケティング

デジタルチャネルを通じて得たデータや施策を活用し、マスやリアルを含むマーケティング全体の最適化を目指す試みのこと。

非常に重要だ。従来のスポーツ界、バスケ界にない斬新なアイデアで新しい層にアプローチしてほしいし、スポーツ広報にありがちな受け身の広報ではなく、攻めのマインドをもった人。そう考えるとスポーツ、バスケを知りすぎない人がいいなと思っていた。

さらに立ち上げ期は、**事業戦略とマーケティング・広報はセットだと考えていた**ので、事業立ち上げの経験、デジタルマーケティングに強い人だとベスト。そこで人材エージェントに依頼をし、何人かの候補者のなかで出会ったのが経沢希志子だった。

彼女は高級婦人服ＦＯＸＥＹから創業期の楽天へ転職し、13年間にわたり広報やマーケティングなどさまざまな職種経験があり、職務経歴書から普通ではない、「ぶっとんでいる」匂いがぷんぷんした。ネットで調べると妹さんも起業家ということでその想いは強くなり、会うことにした。面接で話をするとバランス感覚もあり、最初の数分話して「この人だ！」と決めた。

３人目はオリックス・バファローズやパシフィックリーグマーケティングで営業をしていた藤田将弘。「稼ぐことがいちばん重要」と考えていたなかで、人材探しでいちばん苦労していたのが営業責任者のポジションであった。ずっと誰かいないか？　このポジションだけは早く見つけないと営業活動に大きく影響する、と毎日思い悩んでいた。

そんなとき、確か、２０１５年６月中旬の夜、Facebookメッセンジャーで「元気か？」と、以前在籍していた会社の先輩からの何気ないメッセージ。長年にわたり球団のみならず、リーグのスポンサー周りの実務を経験し、そして、朴訥でありつつも丁寧なコミュニケーションで社内スタッフ全員からの信頼が絶大であった藤田さんがもしも近くにいてくれたら、と思い、その「元気か？」のメッセージに対し、すぐ「藤田さん、新リーグ立ち上げ、興味ありませんか？」と即座に打ち込んでいた。

藤田さんは、娘さん含めご家族全員で関西在住であったため、なかなか簡単なご決断ではないな、と思っていた。また今だから話せることかもしれないが、藤田さんからは「本当にバスケで稼げるのか？　そんなに甘くはない」と忠告めいたものも受けていた。さんざん藤田さんとメッセンジャーでやり取りしたあと、私からは、「売上の根拠はないですが、立ち上げ時には前向きさと明るさと勢いが大事だと思っています！　そして信念ですね。入社意思が固まれば、ぜひご連絡ください」と返事。

２カ月近くやり取りが続き、ある日いきなり「今から会社に退職、言うわ」

の連絡。その瞬間のうれしさは今でも鮮明に覚えている。こうしてプロ野球球団から売上ゼロのリーグに来ていただくことになったのである。

他のスポーツ団体にない顔ぶれ

こうして3人の部長陣を決め、新リーグ開幕への準備のスタートラインに立った。

最終的にはマーケティング部、広報部、法人営業部のほかに、競技運営部、強化育成部、企画部、総務部の全部で7つの部署を構築した。

このなかにはスポーツ業界出身者の他、銀行、メーカー出身など多様なバックグラウンドの幹部人財が就いた。この7部署の部長のうち、1人を除き全員が私より年上。とにかく時間がなく、スピード第一のなか、各スペシャリストが各々の領域をしっかり進めていくしかなかったし、私の顔色をうかがうこともなく、もっといえば、はっきり物事を言ってくれる部長陣であった。

この強力スタッフ陣が準備期間わずか1年でここまでの成果を上げることができた大きな要因だと実感している。

1カ月で1500人が応募した採用企画

幹部採用の後は、スタッフ採用である。今までは自分が引っ張ってきたり、知人やエージェント経由で採用してきたが、とにかく人手が足りない。人脈を活用しつつも、全国各地にいる、「ぶっとんだ」20代の若手に出会いたいと考え、自社サイトとも連携可能な、大手求人サイトへ出稿することにした。正直なところ、人脈を活用した採用手法のほうが効率的で確実なのだが、採用だけでなく認知もあわせてできるのでは……と、思ったからだ。

新リーグ立ち上げへの想い、そして求める人材を求人サイトへ掲示することで、今までとは違う層に別軸でのアプローチをすることができる。

そうなると、普通の採用広告を出していては面白くない。採用キャッチコピーは練りに練り、複数案あった中から「第二の川淵を探せ」とした。サイトにはキービジュアルとして川淵さんの写真を使った。

また、応募に当たっては履歴書、職務経歴書のほかに「挫折から学んだこと」をテーマにしたエッセイを提出してもらうことにした。川淵さんが経験した「サラリーマン時代の左遷という挫折が今の自分を作っている」とおっしゃっていたのを思い出し、使わせていただくことにしたのである。

今でこそ成功者の象徴である川淵さん。川淵さんはもともと古河電工で働いており、51歳で左遷された過去をもつ。

挫折は成功するために必要な過程である。立ち上げ期はスムーズにいかないことだらけだ。最後まであきらめないでやりきる力があるか。また挫折からの立ち直り方に人間性や思考プロセスが見えると考え、エッセイを加えることにした。求人サイトの担当者からは応募ハードルが高くなるのでやめたほうがいいのでは、とアドバイスをいただいたが(笑)。

「第二の川淵を探せ」のキャッチコピーも良かったのか、日経新聞にも掲載していただき、自社サイトへのアクセスも好調で問い合わせや応募が日々増えた。それだけでなく、新聞に掲載されたことにより、「新リーグを応援したい」という企業からの問い合わせも増えるという、うれしいおまけまでついてきた。

今回、エッセイ付き、というハードルはあったものの応募者数は1カ月で1500人あり、そのなかから2名の優秀なスタッフを採用することができた。川淵さんの力もお借りしつつ、一石二鳥の結果が出た好例ではないだろうか。

葦原の気づき

当たり前のことながら、優秀な人材確保こそすべて。自分より優秀だと思う人しか採用しないというのが大原則。

「第二の川淵を探せ」のキービジュアル

バスケ未経験の川淵さんにポーズをリクエスト。
タイトル文字も書いていただいた

COLUMN 1

写真で振り返る！　B.LEAGUE の軌跡

開幕前 編（Part 1）

川淵三郎、田臥雄太も出演！ B.LEAGUE 初となるブランドムービー

B.LEAGUE の「B」という文字には「バスケットボール」の頭文字の B、そして僕たちは何にだってなれるという無限の可能性を表す「Be 動詞」の B という意味が込められています。その想いをムービーにし、開幕の約 1 年前に行われた B.LEAGUE・ロゴデザイン発表記者会見冒頭にてお披露目をしました。

初となる B.LEAGUE「全選手」が集まった研修

開幕の約 3 カ月前に全選手が集まった研修を開催。新人ではなく「全選手」が対象。新規創設された B.LEAGUE ならでは。リーグ理念の徹底理解から、ビジネス論、SNS 研修…など「プロフェッショナルとは何か？」をテーマに 1 泊 2 日で集中的に学んでもらう、というものです。研修冒頭に、今、日本のプロバスケ選手になるということはどういうことなのか？　を改めて考えてもらうための動画を作り、観てもらいました。

第2章

DNAとなった、川淵流リーダーシップ論

【リーダー 論】

①走りながら考えろ
②これはお前たちで考えろ
③今までがどうだとか絶対に言うな
今の日本スポーツ界にいちばん足りない
ものは、「戦略」でなく、物事をダイナミックに
変えていくための「リーダーシップ」に
尽きると思っている。
10年間も揉め続けた、2リーグの分裂問題を
わずか半年で解決したのは、
川淵さんの強烈なリーダーシップがあったから。
この2年間、ディスカッションするなかで投げられた、
多くの川淵語録は自分の財産となった。

01

忘れもしない 初めてのミーティング

私に課せられた唯一のオーダーは
「開幕初年度は20億円を作れ」

一度も聞き返すこともなく終始無言。
川淵さんはプロジェクターに投影される
資料を見つめたまま。表情も変わらず。
何を考えているのか、読めない。
緊張感だけが高まった。

私の上司は川淵三郎

２０１５年6月1日に第一号社員として入社した私は、会社のルール策定をはじめ、人事採用、事業戦略作りなど目まぐるしい日々を送っていた。

当時のB.LEAGUEのチェアマン（理事長）は、川淵三郎氏。私の上司になる。また、協会の事務総長として、大河正明氏（現・B.LEAGUEチェアマン）がいて、三位一体で立ち上げを進めていた。

基本は川淵さんが策定した「新リーグ構想」に基づき、協会、リーグ一体となって準備を進めていくが、事務局長である私へのオーダーは1つだけ。「開幕初年度は20億円を作れ」と、それだけだった。

話を進める前に、ご存知ない方のために新リーグ構想について簡単に触れたいと思う。これは、ＦＩＢＡ（国際バスケットボール連盟）のルールに従い、ＪＢＡ（日本バスケットボール協会）の傘下で運営されるトップリーグを創生し、リーグを成長させるためのベースとなる考え方である。

① アマチュアリーグではなく、「プロリーグ」であること

② 単なる2リーグの統合ではない「新リーグ創設」である

新リーグへの参加希望チームはNBL・bjリーグに脱退届を出し、新リーグへの入会届を提出したうえで入会審査を受けること

③ 新リーグの開幕時期は2016年秋とする

④ 上位リーグ（1部）、下位リーグ（2部）の2部制とする

ホームアリーナの入場可能数、チームの経営状況などを鑑みて、新リーグ事務局が1部・2部にチームを選定する

⑤ 選手の年俸総額を一定の上限金額を設けて規定する、サラリーキャップ制の廃止

⑥ 上位リーグ（1部）に関しては、5000人収容のホームアリーナでホームゲームの8割を開催すること

「新リーグは、これまでのリーグの延長線上であってはならない。これまでとは次元の異なるリーグ、新たな価値を生み出すリーグを創り上げなくてはならない」という川淵さんの考えに基づき示された、6つの大枠となる。

話を戻すと、なぜ「年間20億円」という数字が出てきたのか？

これはＪリーグでの経験や各スポーツ団体の台所事情を把握している川淵さんならではのロジックからはじき出された数字で、リーグとして運営し、将来に向けて投資を続けていくための最低限必要な金額を意味する。「この数字※が作れなければ新リーグを創る意味がない」と力強くおっしゃっていたことを記憶している。

忘れもしない、初めてのミーティング

唯一のオーダーを受けた後、第1回目の川淵さんとのミーティングが行われた。２０１５年7月15日。私が入社して約１カ月後のことだった。

川淵さんからの唯一のオーダーと、私が入社前から温めていた戦略をもとに事業骨子を作成しながら、１人焦っていた。このミーティングですべてを決めてしまわなければ、と。なぜなら開幕まで時間がないからだ。従来のバスケ界にない数字を作るためのスポンサーセールスもすぐにでも始めたい。万が一、出し戻しがあれば次回の打ち合わせは1カ月後…何度も打ち合わせをしている時間はなかった。

※この数字

参考までに旧リーグ（NBL、bj リーグ）では各々年間 3〜5 億円。この数字が今までのバスケ界にとって、いかに大きな金額かがおわかりいただけるかと思う。

※ KPI

Key Performance Indicatorの略称。
企業目標の達成度を評価するための主要業績評価指標。
たとえばB.LEAGUEでは「リーグ全体の入場者数」「B.LEAGUE認知度」「バスケ観戦意向者数」などを設定。

その日は、サッカー協会の事務所が入っているビルの3階の会議室でミーティングが行われた。

長くスポーツ界で仕事をしてきたが、畑違いだったこともあり、いままで川淵さんとの接点はなかった。元サッカー選手で元サッカー日本代表監督、Jリーグ初代チェアマン、第10代日本サッカー協会会長という、錚々たる経歴、そしてメディアを通じてみる彼に対して、私は強烈なリーダーシップでサッカー界を引っ張ってきた「剛腕」なイメージをもっていた。「厳しい方なのではないか」と初めての会議は緊張したことを覚えている。

そのようななか、私は会社の軸となるふたつの方向性をアジェンダとして提出した。

> ①　２０１６年の売上目標20億円、入場者数目標２００万人
> ②　事業のキーワードは「権益統合」＆「デジタルマーケティング」

①は短期的なＫＰＩ※。②は中長期的な観点での重要テーマ。詳細は後ほどのページで記載するが、協会、リーグ、クラブが個別最適で動くのでなく、全体最適で動き続けること、そしてデジタル化が重要ということを事例やグラフを

初めてのミーティングにて川淵さんに提出した資料の一部

バスケットボールの現在地

潜在

［ 競技者数 ］［ 観戦意向者数 ］

顕在

［ 事業規模 ］［ 入場者数 ］

不明

96万人

62
万人

サッカーの約60%

2,700万人

1,500万人

700
万人

サッカーの約50%

1,800億円

1,000億円

100億円

サッカーの約10%

2,200万人

900万人

140万人

サッカーの約10%

野球　サッカー　バスケ　野球　サッカー　バスケ　野球　サッカー　バスケ　野球　サッカー　バスケ

SOURCE: B.LEAGUE 独自調査 /JFA/JBA/ 笹川スポーツ財団。いずれも 2015 年 8 月調査段階の数字

「競技者」はサッカーの 60%、「事業規模」はサッカーの 10%

交えながら説明した。

緊張感漂うなか、38ページにわたる資料を川淵さんの反応を見ながら1時間。その間、彼は一度も聞き返すこともなく終始無言。一言も発しない。プロジェクターに投影される資料を見つめたままだ。表情も変わらず、何を考えているのか読めないので、緊張感はさらに高まった。

「ありがとう。良い会議だった」

どうにかこうにか一通り説明が終わり川淵さんを見ると、彼は笑顔でゆっくりと、そして力強く言った。

「いいぞ、それでいけ。今の延長線上はダメだ。失敗してもいいからどんどんトライしていこう。やってもないのにできないと決めつけるのもダメだぞ」と。

続けて、

「これで1億円を稼ぐ選手が出てくるな。夢のある話はメディアにだしていこう」

プレイヤーズファーストを掲げてきた、まさに「川淵さんならでは」の発言だった。オーソライズを得た瞬間だった。また帰り際に「ありがとう。良い会議だった」「良い感じのメンバーがそろってきたな」とおっしゃってくださったことも鮮明に覚えている。

こうして1回目のミーティングで事業の骨子すべてが承認され、スポンサーセールスなど対外的に動ける土台が整った。

その後、川淵さんを見送ったのち、私は今までに感じたことのない不思議な感覚に襲われていた。この事業戦略を遂行・完遂していくにあたっての重圧と、初ミーティングの緊張感から解放された弛緩が交差する、なんともいえない体感を。

屈伸運動はもう終わりだ。一気に動き出す準備が整った。いよいよこれからが本番だ。

葦原の気づき

本物のリーダーは、「傾聴力が高く、話したとしても、シンプルな表現のみ。そしても何よりも飾らない。いつでもオープンだ」と、このとき、気づいたのでした。

02

日本スポーツ界に いちばんに足りないもの

川淵語録を通してみる 私が学んだリーダー論

トップダウン型だと想像をしていたが
実際は違っていた。
「民主主義的リーダー」と
「トップダウン型リーダー」、
そのどちらも当てはまる
バランスの取れたリーダーだった。
戦略ではなくリーダーシップこそが必要だ。

良き独裁者

前項目では、川淵さんとの初めてのミーティングを中心にお話しさせていただいた。初めてお会いしたときには正直、身構えた。しかしその後、仕事をご一緒させていただくうちに、大きく印象が変わってきた。そして、この3年間で身にしみて、その存在のすごさがわかった。

川淵さんがいなければ、Jリーグも生まれなかっただろうし、B.LEAGUEもしかり、である。10年間も揉め続けた、2リーグの分裂問題をわずか9カ月で解決できたのは、彼の強烈なリーダーシップがあったからこそ。

世の中に綺麗な戦略プランを作れる人はたくさんいる。社内にいなかった場合はコンサルティング会社などに依頼してアウトソースすることもできる。しかし、戦略プランを作れてもなかなか実行に移せず成功できていない企業もたくさんある。

年々市場規模を拡大し続けるスポーツ先進国であるアメリカと比べ、沈滞モードの日本スポーツ界。長年にわたり今の日本スポーツ界に決定的にいちばんに欠けているものは、綺麗な「戦略」や「戦術」をつくる力でなく、物事をダイナミックに変えていくための圧倒的な「リーダーシップ」に尽きると思っている。

1990年代に起きた川淵、ナベツネ（渡邉恒雄氏。現・株式会社読売新聞グループ本社代表取締役主筆）闘争。当時、サッカー界は強烈に川淵さんが引っ張っていたし、野球界は強烈に渡邉恒雄氏がリードしていた。再度記載するが、戦略という綺麗な絵は誰でも描ける。今のスポーツ界に最も足りないのは、この強烈なリーダーシップである。

現に川淵さんにはあらゆるスポーツ団体から組織改革への依頼が殺到していると聞く。ここでは私が感じた川淵さんについて触れさせていただければと思う。

●究極の人たらし

会議をひとつ例にとると、絶対に時間に遅れない。ややもすると誰よりも早く席に着く。そして「聞く力」と「話す力」のバランスが絶妙で、発表者に対して絶対に「え、今、何と言ったの？」と聞き直さない。それだけ会議に集中している証拠である。また、重要な決断も早く、意見を言うときは多くを語らず、ストレートな想いを人の目を見ながらぶつけてくる。直球ゆえ理解しやすいのである。

そして会議の最後には必ず「みんなのおかげでB.LEAGUEは順調だ。ありがとう」と感謝の言葉を忘れない。

日々の所作、そして決断力。重要な案件になればなるほど決断することを苦手としているリーダーは多くいる。開幕まで時間がないB.LEAGUEにとって、決断力がないリーダーは致命的。川淵さんはあいまいにすることなく、その場で決めてくれた。

また、川淵さんは方向性を提示する際、必ず「根拠」も添える。昨今のビジネス書でも「ビジョン、ミッションこそ最も大事」のような風潮がある。ただ単に方向性を出すだけでは一流、それに合わせて根拠まで添えられると超一流なのかな、と思っている。私自身、今までいろいろな会社で働いたり支援したりしてきたが、方向性を出せるトップがいるだけでそれはもう立派な組織だと思う。そして、川淵さんはそこに根拠まで添えられるところにすごみがあると思っている。

※ **B1 クラブ数**

新リーグ構想（49 ページ参照）により、上位リーグ（B1）、下位リーグ（B2）の２部制とした。

２０１５年秋。その当時、最も議論が白熱していたのが、Ｂ１クラブ数※の設定であった。私はリーグブランディングやクオリティ担保の観点でＢ１クラブ数は12程度がベストと正直思っていた。当時の川淵さんは、出席者全員に意見を述べさせた後、自分は16から18ぐらいのイメージであること、そして、その論拠、全国各地に夢のあるクラブがたくさん出てきてほしいという熱い想いを述べていた。

大きな方針に関して、そこまで熱く語られると、自分の意見は違っても、納得せざるを得ない。そして最後に、「良い議論だった。ありがとう」の一言。

仲良しチームではないので厳しい面もあったが、常に私たちに対して感謝の気持ちを表現してくれる。数々の修羅場をくぐり抜けた80年におよぶ人生経験によるものだと思うが、多くの人を惹きつける魅力を備えた、いい意味での「人たらし」である。

●リーダーは背中で語る

バスケ界に特別なしがらみをもたない川淵さんの強力なリーダーシップのおかげで、B.LEAGUE発足にたどり着いた。しかし、仕事をしてきて感じたのは、

「メディアで見ていた以上に熱量が高い！」ということ。

それは日本のスポーツ界の発展を真剣に考えているからだと思う。メディアでも報じられているように川淵さんはバスケ界から1円ももらっていない。完全に無報酬。会議の際の車代や、選手・スタッフとの懇親費用や、国内外の要人接待などで持ち出しも多いと聞く。

無報酬で受けたのも、報酬をもらうことで行動が制限されるなら、という考えがあったのだと推測する。私利私欲を捨て、損得は考えず、成功を信じ、行動に情熱を込め、圧倒的な行動力と熱量でバスケ界を引っ張っていく姿勢は「リーダーは背中で語る」を体現していた。立ち上げ期の「熱量が高い状態」をいかに維持しながら組織を作っていくかは、のちのちの成果に響いてくる。

無報酬で全身全霊をかけ、B.LEAGUE、ひいてはスポーツ界を発展させたいという想い……その熱量にスタッフが引き込まれ、ステークホルダーへと波及したからこそB.LEAGUEは成功したのだと強く思う。

●時に独裁者であれ

リーダーにもさまざまなタイプがある。メンバーの意見や提案を受け入れ、それを反映していく民主主義的なリーダーから、トップの意思がそのまま反映されるトップダウン型まで。メディアを通して感じる川淵さんは「剛腕」「独裁者」のイメージだったので、トップダウン型だと想像をしていたが、実際は違っていた。

「民主主義的リーダー」と「トップダウン型リーダー」、そのどちらも当てはまるバランスが取れたリーダーだった。信念に基づいた「譲れない基準」を明確に示したうえで、異なる立場、多くの人を巻き込み、圧倒的な行動力で大きな波にしていく。すべてにおいて独裁者ではなく、自分の立場は、あくまで組織を動かすための役割のひとつであると考え、我々世代の感性も受け入れてくれた。そのため、イノベーションを起こすべき部分に集中することができた。

スピード感を重視していた立ち上げ期において、効率的に進めることができ、私からすると「良き独裁者」であった。

日本という社会は「独裁者」という言葉を嫌う。しかし、川淵さんはいつもこう言っていた。

「大きく変革していく時には、独裁者は必要。ただし、私利私欲をもっては絶対にならない」

私が言うのも失礼な話ではあるが、川淵さんのお家は決して世がイメージする豪邸ではなく、千葉在住で、ごくごく普通のサラリーマンが住むようなところに住んでいる。

私が選ぶ、川淵語録

川淵さんの身近で仕事をし、何が良かったのか？　それは真のリーダー像とはどういったものかを近い距離で体感することができたことにある。そして、ディスカッションするなかで投げられた多くの川淵語録は自分の財産になった。

そのなかでも自分の心が熱くなった、3つをご紹介する。これはスポーツ界だけでなくどこの会社でも通用すると思っている。

その①「走りながら考えろ」

人生しかり、ビジネスにおいても時間は有限である。準備できるのを待って、いつまでたっても始められないよりは、見切り発車でも始めてしまったほうがベター……これまでは、要は思考と行動のバランスをしっかり持てという意味合いくらいの認識でいた。

でも、言われたのは「走りながら考えろ」である。私は考えながら走ってきたタイプだったので、川淵さんに言われて気がついた。「走りながら考えろ」

と「考えながら走れ」……この2つは、どちらも似たような意味だが、「走りながら考えろ」は「走り」ありきで、行動を起こせ、そして全速力で走りながら考えろ、ということであると。何が違うか。**スピード感がまったく違うのだ**。

その②「これはお前たちで考えろ」

トップダウン型のリーダーではないということをわかっていただくために、ひとつのエピソードをご紹介したいと思う。川淵さんは案件内容やターゲットに合わせて、「これはお前たちで考えろ」とスタッフに完全委譲するものも多くあった。

B.LEAGUEのロゴもそのひとつ。当時チェアマン（理事長）の川淵さんに100近い候補の中から、事務局でピックアップした3つの候補を見せ、最終判断を仰いだ際に、「これはお前たちで考えろ」と一言だけ。Jリーグのロゴ制作の際は細かいところまで川淵さんが指揮をとったと聞いていたので、これには驚いた。言いたいことや思うことはいろいろとあったのだろうが、ターゲット世代に近い私たちが決めたほうがいい、そう考えたんだと思う。その際、このような表現もされていた。

「俺はもうすぐバスケ界から離れる。お前たちはこの世界でこれから何十年も

2015年7月29日　リーグロゴ決定ミーティング資料（一部抜粋）

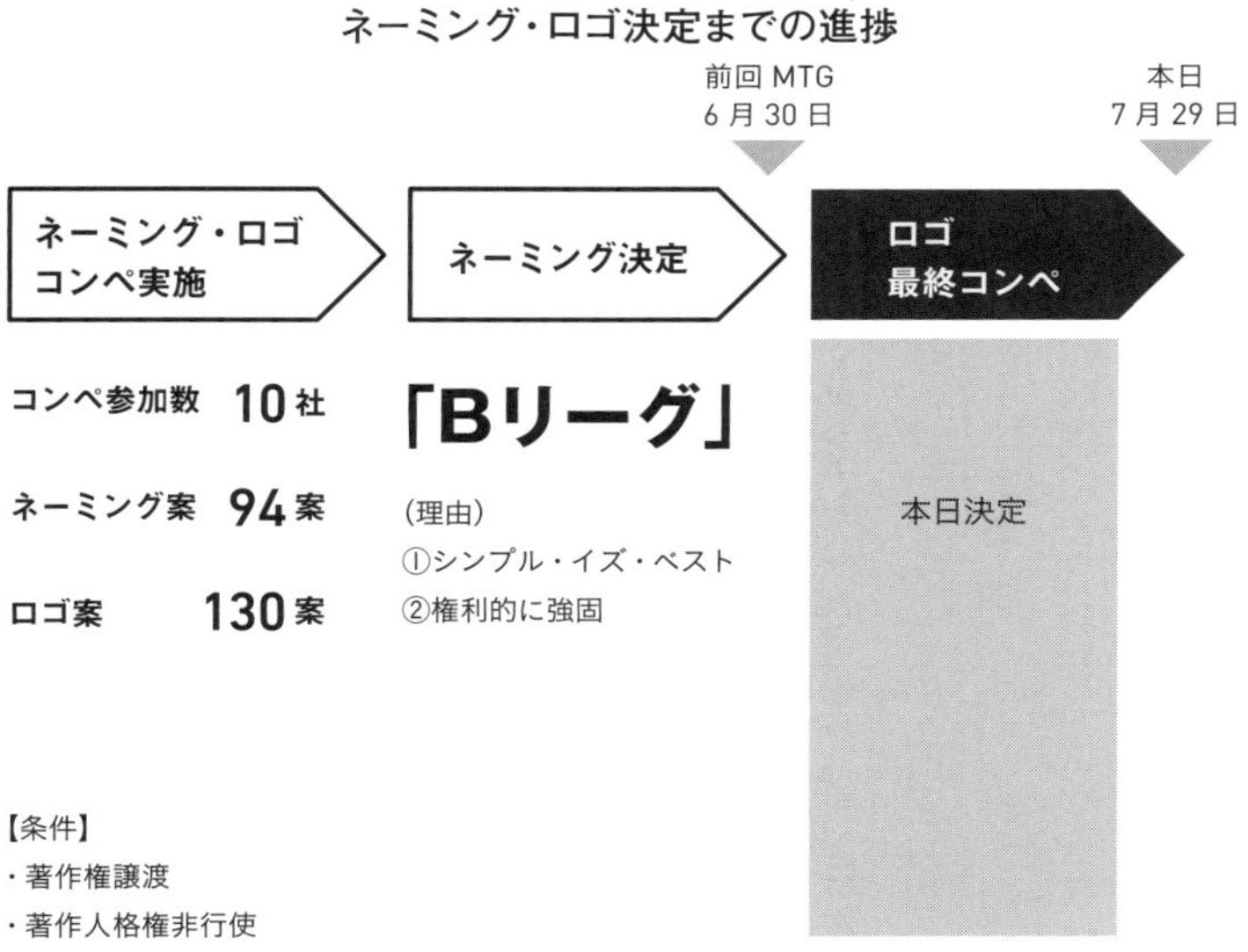

ネーミング・ロゴ決定までの進捗

前回MTG
6月30日

本日
7月29日

ネーミング・ロゴ コンペ実施	ネーミング決定	ロゴ 最終コンペ
コンペ参加数　10社 ネーミング案　94案 ロゴ案　130案	「Bリーグ」 （理由） ①シンプル・イズ・ベスト ②権利的に強固	本日決定

【条件】
・著作権譲渡
・著作人格権非行使

130におよぶロゴ案から今のB.LEAGUEロゴが選定された

働き、これでご飯を食べる。ロゴに限らず、自分たちの腹落ちするまでトコトン考えなさい。結論はそれからでいいから」

最終的に決定したロゴを報告した際には「わかった」とだけ。最後まで意見を言うことはなかった。この方法は失敗するリスクもあるが、「何かあれば責任は俺が取る」……その覚悟で相手を信頼して任せる。スタッフはその信頼にこたえようと問題意識をもって仕事に取り組む。そうすることで組織全体が成長できたように思っている。

その③「今までがどうだとか絶対に言うな」

とある会議でスタッフが「以前はこうでした」と言ったら、川淵さんに「今までがどうだとか、絶対に言うな」と強く言われたことを覚えている。「バスケで奇跡を起こそう」と川淵さんのメッセージで動き始めた日本バスケ界。B.LEAGUEのスローガンは、「BREAK THE BORDER ～前例を笑え！　常識を壊せ！　限界を超えろ！～」である。

奇跡を起こすには過去の前例にとらわれてはならない。今までと同じことをしていたら過去と同じ世界どまり。一段上のステージにあがるためには、失敗するリスクを恐れず、前例は自分たちで作る意気込みで取り組むこと。行動、決断、そのための前例は不要なのである。

川淵さんの思考回路をインストール

私が野球界からバスケの世界へ移ったのは、前項目で触れたように、事業戦略を含め、ゼロスタートできるスポーツ界の中では希有な状況下と、川淵さんと仕事ができる環境にあったからである。

「川淵さんならどう考えるのか？　どう行動するのか？」

B.LEAGUEの立ち上げ準備を進めていくうえで彼の思考回路をインストールさせていただけたことは、お給料以上の価値があった。川淵さんのリーダーシップ論、語録を通じて、私自身はまだ何も成し遂げていないが、彼のような熱い想いと、高い志をもってバスケ界発展のために果敢にチャレンジしていこうと思っている。

葦原の気づき

今、改めて当時のことを思い出していますが、実は川淵さんは「走りながら考えろ」などシンプルなことを「何度も何度も」言葉で発していたように感じます。この「何度も」が意外と大事ではないでしょうか？

写真で振り返る！ B.LEAGUE の軌跡
開幕前 編 (Part 2)

B.LEAGUE九州選抜

No.	S	Player	PTS	3P FG M	3P FG A	3P FG %	2P FG M	2P FG A	2P FG %
0		遥 天翼	20	4	8	50.0%	3	6	50.0%
1	*	中西 良太	10	0	0		4	6	66.7%
2		高島 一貴	2	0	0		1	4	25.0%
6	*	比江島 慎	15	0	2	0.0%	6	7	85.7%
7		小林 慎太郎	0	0	0		0	0	
13		津山 尚大	9	2	10	20.0%	1	4	25.0%
14	*	阿部 友和	4	0	1	0.0%	2	6	33.3%
24	*	田中 大貴	14	1	4	25.0%	5	7	71.4%
34		狩野 祐介	8	2	5	40.0%	1	3	33.3%
43	*	永吉 佑也	8	0	2	0.0%	4	11	36.4%
99		くまモン	0	0	0		0	1	0.0%
		TEAM SCORE	0				0	0	
		合 計	90	9	32	28.1%	27	55	49.1%
				41.4%					

B.LEAGUE 初めての主管試合に、あのくまモンを選手としてアサイン

2016 年 8 月、クラブ、選手の協力を得て開幕の 1 カ月前に B.LEAGUE 初となる主管試合「熊本地震復興支援 B.LEAGUE チャリティーマッチ」を開催。BREAKE THE BORDER な B.LEAGUE はここでも前例を破り、くまモンを選手として登録。ご当地キャラの試合出場は、国内プロバスケットボールリーグ初！　スタッツにもくまモン選手の功績は残されています（笑）。

B.LEAGUE のアンセム完成！ PKCZ® が楽曲を制作

元 EXILE の MAKIDAI、m-flo の VERBAL、DJ DARUMA からなる PKCZ® が B.LEAGUE のアンセムを制作。歴史的開幕の約 2 週間前にティザー動画をお披露目をしました。NBL、bj リーグの両リーグが 1 つに統合された象徴となるこの曲は、日本バスケットボール界における「壁」や「境界」を突き破り、バスケットボールを広げていきたいという強い意志を表す、B.LEAGUE のスローガンである BREAK THE BORDER をもとに作られました。

第3章

野球・サッカーを超える

【事業戦略 論】

B.LEAGUEの事業2大方針
①「デジタルマーケティング」の徹底推進
②代表、リーグ、クラブの「権益の統合」
我々の目標は、日本の野球、サッカーに追いつくことではない。
追い抜き、日本のバスケのレベルを
選手、ビジネスともに世界一にすること。
それもスピード感をもって、である。
安全運転で粛々と推進していく気はない。

01

20年で大きく差が開いた日米スポーツ界

なぜ、ダルビッシュや田中将大がアメリカに行ってしまうのか?

国内ではうまくいっているように見える
野球の事業規模は１８００億円程度。
そのほかの競技は、ほとんど
マネタイズできていないのが現状。
昔は同程度だったＭＬＢは今や１兆円規模
にまで成長を遂げている。
なぜ、そこまで売上規模を
拡大することができたのか？

先進国アメリカに学べ

2016年9月、野球、サッカーに続く第3の団体競技プロスポーツとして開幕した、男子プロフェッショナルバスケットボールリーグ「B.LEAGUE」。

B.LEAGUEの目標は、日本の野球、サッカーに追いつくこと、ではなく、追い抜き、日本のバスケのレベルを選手、ビジネスともに世界一にすること。それもスピード感をもって、である。

安全運転で粛々と推進していく気はない。そのためには、成功している海外のモデルを研究し尽くし、最先端のビジネスモデルを取り入れたいと思っている。昔は1500億円規模だったMLBは、年々成長を遂げ、今や1兆円規模のビジネスになっている。また、NBA、NFL（ナショナル・フットボール・リーグ）も飛躍的に成長し、取り入れるべきところが数多くある。

半面、国内ではうまくいっているように見える野球は、事業規模で考えたら1800億円程度で頭打ち。そのほかの競技は、ほとんど収益化できていないのが現状である。この20年で大きく差が開いた日米スポーツ界、なぜ、そこまで売上規模を拡大することができたのか、それには、4つの要因があると考えている。

要因1　リーグ主導のガバナンスの再構築

ここまで日米の差が開いた一番の要因はリーグガバナンスが図れていないからである。ＭＬＢも昔は今の日本と同じようにリーグでなく、実質的に各チームに大半の権限があった。

それが、今から24年前に球団側が、チームの総年俸に上限を定めるサラリーキャップ制度を導入しようとしたところ、選手会側がこれに反発し、１９９４年から１９９５年まで２３２日間にわたってストライキが起きた。このことがキッカケとなりリーグを中心とした組織体制へ変更した。入場者数はさほど大きく変動していないなか、リーグに機能と権限を集約することでコストカットが図れ、ビジネス的にも売上を拡大し続けることができるのだ。

たとえば各チームで作っていたｗｅｂサイトも、リーグ主導でデザインフォーマットを統一。共通化することでコストカットが図れ、ユーザーの利便性も向上する。またＴＶ放映権の販売に関しても、従来は30の球団が各々で販売していたものをその権利をリーグに集約。このことで、必然的に販売価格が上昇し、価値が最大化した。

つまり、リーグとクラブとの連携がとれていれば、その団体の市場規模やポテンシャルが高くなるのだ。またＩＴの整備やコストといった点でも、一括管

日本にはアメリカの潮流が 10 年遅れて起きる

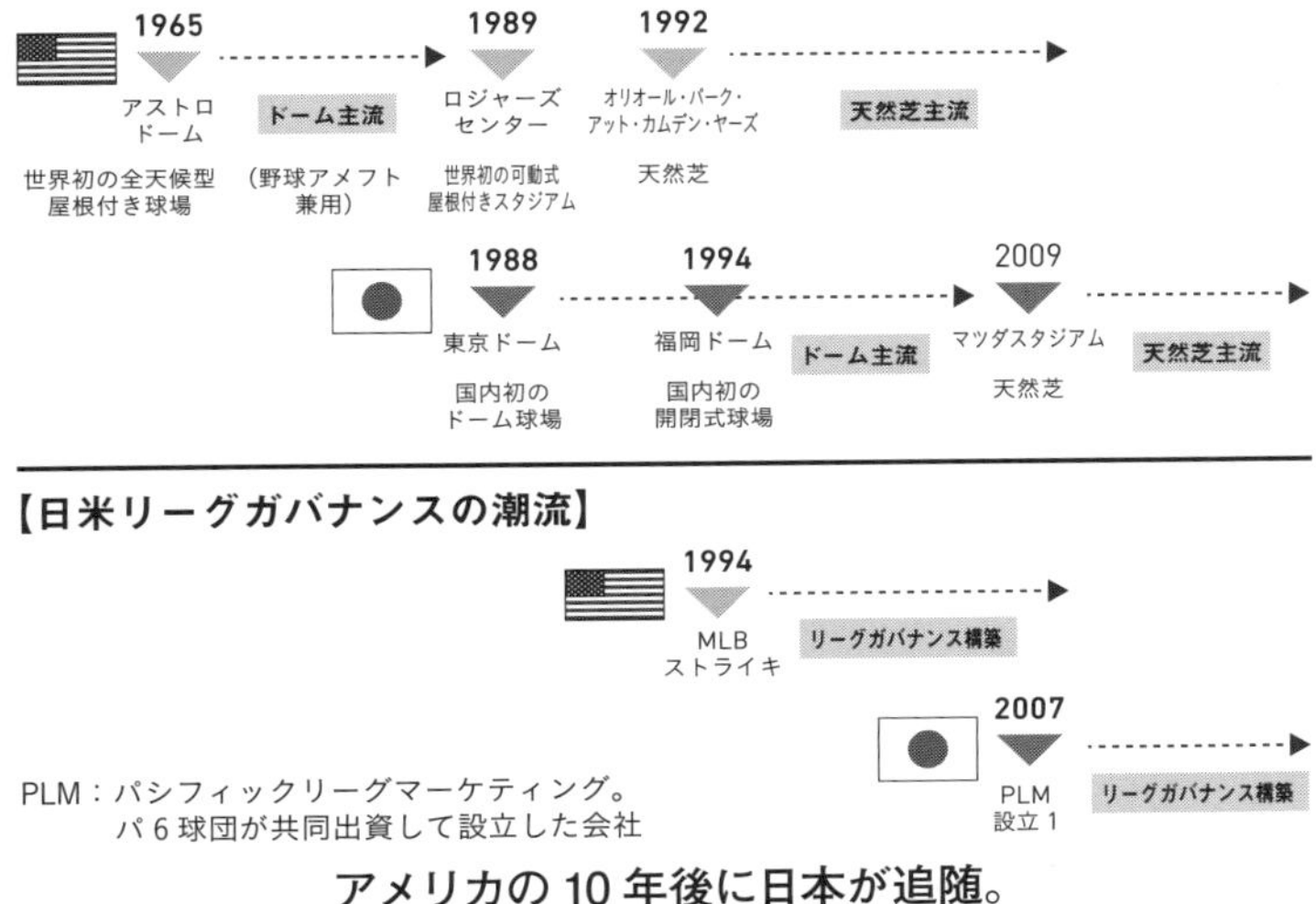

アメリカの 10 年後に日本が追随。
アメリカを見れば 10 年後の日本がわかる

理すれば、クラブにかかる負荷も少なくなる。つまりリーグがビジネス全体を統括し、市場活性の戦略を立案していることが大きな要因だと私は見ている。

要因２　デジタルシフト

もはや現代のビジネスにおいて当たり前のことではあるが、日本のスポーツ界は顧客データの取得方法を見ても、改善の余地があり、世界的にも後れをとっている。

アメリカでは顧客データをもとにした、オンラインチケットやデジタルコンテンツ販売などのデジタルマーケティングが売上に果たす役割が大きく、データドリブン※は世界的にも主流になってきている。

要因３　スタジアムの新築・改修

ここ20年くらいで、ＭＬＢ30球団のうち約３分の２の球団が、スタジアムの改修、もしくは新築をした。持続的な成長のためには収容人数、飲食環境の改善により収益性をアップすること、また**時代に応じた魅力的なスタジアム環境**が求められている。

ポイントはソフト面だけでなくハード面もしっかり変えていったことにある。

※データドリブン

蓄積したデータや実施した施策の効果分析によって得られたデータを分析し、未来予測・意思決定・企画立案などに役立てること。

要因4　若い人材の台頭

30代や40代のGMや社長が次々と抜擢され手腕を発揮している。

これまでのスポーツ界の流れを見ているとアメリカで起きていることが10年後、20年後に日本で導入されている。

ドーム球場もそう、人工芝もしかり。昔は若い社長は誰一人いなかったが、楽天やDeNAに若い社長が出てきている。

アメリカのトレンドを見ていれば、いずれ日本のトレンドになる……そう実感している。マイナー競技でも先進国の良いところをいち早く取り入れ、構築すれば発展できるというメッセージを残したい。バスケであるべきスポーツビジネスのモデルを日本で確立していきたい。

……そう強く思っている。私たちの競合相手は、日本プロ野球でもサッカーでもない。世界なのだ。

葦原の気づき

どの業界にも通じることがあると思いますが、本質的課題を見抜くことが不可欠です。スポーツ業界であればガバナンス。これを見抜き、そして、世の中に伝え続けることが大事だと強く思っています。

02

B.LEAGUEが掲げる 2大事業戦略

アメリカの成功モデルを取り入れ、
従来の視点はリセット

世界最先端のスポーツビジネスモデルを
組み入れた、
「デジタルマーケティング」の推進。
そして日本の野球、サッカーでも
確立されていない、代表、リーグ、クラブの
「権益の統合」。
この2つを骨子とし、バスケ界は
再生から飛躍への道を進み始めたのである。

B.LEAGUE設立に込めた想い

外圧（国際バスケットボール連盟・FIBA）と川淵三郎というカリスマ性をもつ、強烈なリーダーシップで、スポーツ界から見ると奇跡的に1つになり、B.LEAGUEが誕生したことは先に書いた。結果的に2つのリーグが1つになったが、統合ではなくて、あくまでも新規創設という考え方で進めていたので、従来の考え方は1回すべてリセットして、ゼロから物事を作り上げようという方針についても紹介した。

人材しかり、新リーグの理念、事業戦略すべてフルスクラッチで構築していた。ここでまず、会社でいう経営理念である、B.LEAGUE設立に込めた想いをご紹介させていただく。

理念1　世界に通用する選手やチームの輩出

日々、切磋琢磨する土俵をB.LEAGUEで作り、世界に通用する選手やチームを輩出すること。それが使命であり、日本のバスケットボール競技力の底上げ・競技人口の裾野の拡大を図る。

理念2　エンターテインメント性の追求

「勝っても負けても試合を観に行って楽しかった！」と言っていただけるようなエンターテインメント性を重視した演出に取り組んでいく。

理念3　夢のアリーナの実現

体育館ではなく、非日常の空間を存分に楽しめる夢のアリーナを作り、地域に根差したスポーツクラブになっていくことである。試合を楽しむだけではなく、スポーツを通して人生を楽しむことができるような環境を提供し、B.LEAGUEを盛り上げていく。

ホリエモンこと堀江貴文さんをゲストにお招きし開催した、新リーグのネーミングとロゴの発表記者会見にて、これらの理念は、メディア向けにお披露目をさせていただいた。

会見の模様とともに、ファンの皆様にも見ていただけるよう、B.LEAGUEのwebサイトにも公開している。理念にうたわれた使命を果たしていくためには、**協会・リーグ・チーム・選手が一体となってこれらを共有し実践していくことが重要**である。

そして掲げた理念を、あるべき姿にしていくためには、確固たる事業戦略、骨子が不可欠になる。日本スポーツ界が伸び悩んでいる原因を探り、先進国アメリカの成功要因を取り入れた事業方針を掲げたのである。

1つは、世界最先端のスポーツビジネスモデルを組み入れた、「デジタルマーケティング」の推進。2つ目は、日本の野球、サッカーでも確立されていない、代表、リーグ、クラブの「権益の統合」である。

ともに野球、サッカーなど、日本スポーツ界において本質的課題といわれていた領域である。長く積み上げてきた組織は、なかなかビジネスモデルを変革できない。新しく立ち上がったB.LEAGUEはそこに真っ正面から立ち向かわなければと考えた。

この2つを骨子とし、バスケ界は再生から飛躍への道を歩み始めることになった。

葦原の気づき

まずは想いを忠実に言葉にし、そして、伝えていくためにフレーズに変換する作業が意外と大変でした。

03

デジタルマーケティングを徹底的に推進させる

国内プロリーグ初!
全36クラブ横断の統合顧客ベースを構築

現代のビジネスにおいて当たり前のことではあるが、日本のスポーツ界では取り組んでいるところはない。
ゆりかごから墓場まで、
バスケットボールを観る人、やる人をつなげる夢のスーパーデータベースを作りたいのだ。

ＣＲＭの活用ができていない日本のスポーツ界

前項目で触れたように事業方針は２つある。１つ目に掲げたのはデジタルマーケティングの徹底推進である。もはや現代のビジネスにおいて当たり前のことではあるが、日本のスポーツ界で進んでいるとは言い難い。

アメリカでは顧客データをもとにした、オンラインチケットやデジタルコンテンツ販売などのデジタルマーケティングの果たす役割が大きく、データドリブンは世界的にも主流になってきている。プロ野球やＪリーグの顧客データ取得方法を見ても、改善の余地があり、世界的にも後れをとっている。これまで野球やサッカーでは成し得なかった統合データベースをバスケで確立することで、市場を伸ばそうと考えた。

具体的に言うと、野球やサッカーでは、観戦者やファンクラブの情報はすべて個別のチームに集約されている。チームによってはさらにチケット購入情報やファンクラブ入会情報など顧客行動ごとにバラバラになっているケースもある。

そのため、Ａチームのファンクラブに加入して、１Ｆ指定席を買って、アリーナに行く前にタオルマフラーを買って、来場してからスタジアムグルメとビールを買う、といった顧客の一連の行動がわからない。その方が他のチームのチケットを買っているのか？　ということもわからない。つまりCRM※の活用ができていない。

顧客データは各チームではなくリーグが管理

B.LEAGUEでは、その先を考えたときに、そのデータの持ち方では意味をなさないと考え、リーグ統合データベース＝B.LEAGUEファンプラットフォーム※として一元化した。

つまり、顧客データは各クラブではなく、リーグが管理する方式である。その結果、お客様にとっては、1つのログインIDで、B.LEAGUE B1・B2全36クラブのあらゆるサービスが利用できるようになる。

データの持ち方は4つ。

1【チケット】チケットを買った人

2【ファンクラブ】ファンクラブに入会している人

※ CRM（顧客関係管理）

Customer Relationship Management の略。顧客情報をカルテのようにデータ化して管理することで、売上・利益に貢献する“優良客”を増やしビジネスを成功に導く顧客志向のマネジメント手法のこと。

※リーグ統合データベース＝ B.LEAGUE ファンプラットフォーム

B.LEAGUE が提供する顧客管理システムのこと。所属する B1・B2 すべてのクラブの顧客情報を一元管理し、マーケティング活動などに生かすことで、より良いサービスを皆様にお届けするシステム。

バスケ界 BUM 構想

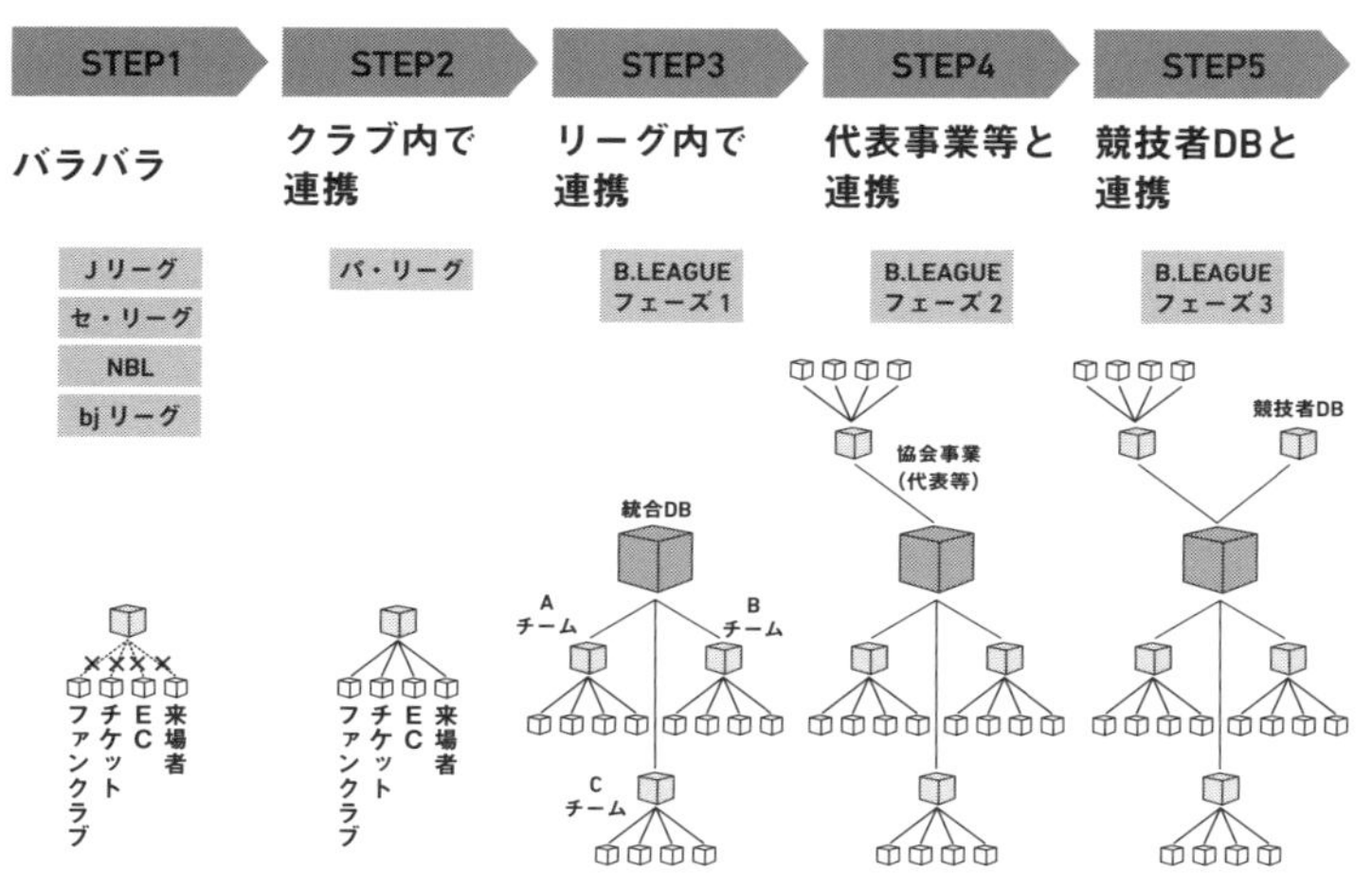

権益統合の象徴としての「BUM 構想」
(Basketball United Marketing)

3　【EC】[※] クラブのｗｅｂサイトでグッズを買った人
4　【来場者】アリーナに来場した人

これによりチケット、ファンクラブ、ＥＣ、来場者という状況別に、１人のお客様がどのような行動をとっているかの情報が、クラブの垣根を越えてできるようになる。たとえば、ある人がＡクラブの試合のチケットを買えば、翌週そのときと同じＩＤとパスワードで別のクラブのチケットを買うことができる。お客様にとっても使いやすいことは運営者側にとってもデータを集めやすくなるのだ。

ポイントは「いかに多くのデータを集めるか」

クラブごとのデータは、その量も少なく活用の幅も限られる。統合することでデータ量も拡大し、さまざまな分析ができるようになる。
そして溜まったデータはリーグで顧客の動きを可視化し分析し、各クラブにフィードバックすることで、どのようなニーズがあるのか……求めているサービスを戦略的に提供することができるようになるのだ。

※ EC
Electronic Commerceの略称。
インターネット上でモノやサービスを売買することを指す。

※インセンティブ

企業が特典（プレゼントやポイントの付与など）を提示すること。ユーザーの行動をうながし、積極的にサービスを使ってもらうために行われる。

プロ野球のパ・リーグはそうしたデータの連携を、クラブ内で推進している。その結果、ここ10年で入場者増加もさることながら、客単価の上昇が図れ、効果を発揮している。

しかし、クラブ内の連携にとどまるのではなく、それをリーグ内で実行するほうが、価値が最大化すると考え、B.LEAGUEではリーグ内でデータ集約・連携する統合DBを構築した。これは日本スポーツ界にとって大きな一歩で、画期的なことだと思っている。

こうしたデータの活用で、来場回数などに応じてインセンティブ※を作り、さらなる来場を募るなど、BtoC活性化のための設計がしやすいという利点がある。データを見れば、どんな層にどのようにアプローチすればよいのかの戦略も立てやすくなる。

たとえば、

① 年間5回以上来場するコアファン
② 年間1回来場するファン
③ ファン層（観戦意向者　バスケは700万人）

と3種類の層がいる場合、データベース上で分析できるのは基本的に①と②

だけ。③は公式SNS上などでリーチはできるが、姿が見えないため、なかなか分析できない。スポーツに興味のない大多数に対し、コアファンを分析した結果をあてはめようとしても、ほとんど意味がない。いかにコアファンが周りを会場に誘導してくれるか、連れてきてくれるかについては、後ほど詳しく説明させていただく。話を先に進めよう。

今まで来なかった人を、1回でも試合に足を運んでもらうようにするより、年間5回観戦している人に、次年度は6回来てもらうようにするほうが効率的で、獲得コストも6分の1くらいになる。

顧客データの統合は一つの企業の中ですら難しい

いつも「ファン数」と「来場者数」の相関分析をクラブごとに見ているのだが、はっきり非相関である。一般のマーケティング論と一緒ではあるが、「応援すること」と「購買すること」は似て非なることである。

非相関ではあるものの、一般的な傾向を出すと、**「ファン数」の約10%程度が「購買（来場）」にたどり着く**。消費財等に比べてロイヤルティを構成しやすいスポーツであるが、実際、コンバージョンレート※10%程度である。

※コンバージョンレート

来店客数のうち、購入者が何人いたかという割合のこと。この場合は、ファン数に対して試合観戦（来場）にたどり着く割合の意味として使った。

一般の事業会社でも、意外とコアファンだけを分析して、ファンでない大多数にアプローチして、ファンを増やそうとするケースが多いように思う。やはり**「お金を払って来るお客様」と、そうではない「ファン」を区別してアプローチすることが重要だと考えている**。

一方で伝統あるプロ野球やJリーグで同じような仕組みを再構築するのは容易ではないと思っている。なぜならリーグ側が統一しようとしても、各チームの力が強く、自分たちで作り上げてきたプラットフォームをなくして全体で統一されたものにするという判断に踏み切れないからだ。

今回、B.LEAGUEが全36クラブの理解を得て導入できたのは、「タイミング」と「勢い」。2つのリーグが1つになり、関連組織が刷新され、いろいろなことがまだ定まっていない間に、いち早く明確なビジョン（83ページ）を提示することでご理解をいただくことができた。

「将来こういったカタチにまで、B.LEAGUEを盛り上げたい、だから統一のプラットフォームが必要です」と具体的に伝えたことも、多くの同意を得られた要因かもしれない。

そうすることで、全体の成功を第一に考えていただくことにつながったのである。そして各クラブのトップが個別最適ではなく、全体最適を考えてくださったことが一番のポイントだったと思う。

データだけ集めても意味がない

まずはデジタルマーケティングを推進してデータを集め、「スーパーデータベース」を作ることを目指している。今回、「データの活用」という点で参考にしている組織がある。それはNBAの「TMBO（Team Marketing&Business Operation）」という組織。これはNBAに所属するコンサルティンググループで、チケッティングに関するさまざまなデータを収集・分析して各クラブにフィードバックをしている。過去にはMLBや他リーグもこうした組織を作ろうとしたものの、あまりうまくいっていなかったようだ。

ではなぜ、NBAはうまくいっているのか？　実際にTMBOの方々にヒアリングする機会があった。その理由は2つ。

① MBA（経営学修士）ホルダーと現場を知っている人たちとの「ハイブリッド型組織」にしたこと

② トップのハイ・コミットメント

に尽きると言っていた。

当初はMBAホルダーなど分析のプロだけを集めていたそうだが、現場の経験を通して仮説を出しているわけではなかったため、分析して出てくる答えが地に足がついていないようなものになっていたそうだ。

そこでNBAは、各クラブの現場で働いていた人たちを組織に入れることにし、徹底的にボトムアップで分析を進めたが、それもうまくレポートがまとめきれず失敗。今は、現場経験のある人と優秀な分析力をもった人をハイブリッドにすることで、効果的な分析と施策の立案を実現できるようになっていったとのこと。

もうひとつの「トップのハイ・コミットメント」は、組織のトップがチケットの販売が大事だと言い続けること。私が野球界にいたころも「観客動員が大事だ」と各チームとも口では言いつつも、経営会議などではスポンサー獲得の話から始まるチームが多くあった。しかしNBAの場合、コミッショナーのアダム・シルバー氏が「チケットを売って入場者を増やすことが大事」と各クラブにも伝え続けていったこともうまく回っている秘訣だと言っていた。

今、B.LEAGUEでもTMBOと同じような組織を作ろうと準備を始めている。**データは「溜める」だけではなく「使う」ほうが大事**なので、使うときの人材配置は、仮説を出せる人と分析できる人を両方囲い込んでいこうと思っている。リーグとしてチケット販売を重視しつつ、コンサルティング会社などで実務経験がある人たちと、プロスポーツの現場で働いていた人たちで組織を作る。そして各クラブのデータ分析と課題抽出を実施し、チケットの売上に貢献することを目指している。

「データ」に踊らされない

そして、データ関連でもう一つ大事なことは「データ」に踊らされないことだ。私は理工学大学院まで行き、（あまり真剣に勉強をしたわけではないが）統計を勉強した。データをいじるのが好きだったからだ。消費者の行動を、回帰分析をはじめとする多変量解析やコンジョイント分析など、いわゆる統計学を駆使して分析していたのである。

その結果、学生時代に思ったことは、外れ値などうまく操作すれば答えはAでもBでもどちらでも変えられるな、ということだった。

デジタルマーケティングやデータマーケティングというと、どうしてもボトムアップに分析する姿が浮かび上がる。でも、それよりも大事なのは、自分なりの仮説なり、もっと言うと信念だったりすると思っている。

たとえば、競技者と観戦者の関係。従来のスポーツ界では、観戦者と競技者は別セグメントだと捉えられていた。たとえば、横浜スタジアムのライトスタンドの応援団。このなかにどれだけ高校球児だった人がいるだろうか？

でも、「観戦者のうち、結構競技者出身がいるのではないか？」とか「やはり競技者の人はもっと観戦に来る世界を作るべきだ」と思うことがダメ元でも重要で、そう思って数字を眺めているうちに、実は、最近、データ分析をしていると、観戦者のうちの競技者比率が昨今上がってきていることがわかってきた。

データはツール。データに踊らされることはナンセンスだと思う。データに向き合えば向き合うほど、信念がより大事になってくる。

葦原の気づき

データから答えを探さない。信念をまず大事にして、答えを探していくツールとしてデータを利用することの大切さを再認識したことを覚えています。

04

協会、リーグ、クラブで「権益の統合」を行う

権益を統合することで
市場が拡大する

各クラブの努力は非常に大切で
否定するつもりはない。
そこで数%来場者数が上がったとしても
市場規模から見たら微々たるもの。
協会、リーグ、クラブがタッグを組み、
ダイナミックに仕組みを変え、
プロスポーツの新しい立ち位置を
日本のなかで築いていく方針である。

ＭＬＳ（メジャーリーグ・サッカー）モデルに見習う

事業方針の２つ目に掲げたのは、協会、リーグ、クラブの「権益の統合」である。プロ野球の場合、個々のチームの力が強く、プロ・アマの距離があるため、全体最適の話がなかなか進まない。バスケでは、権益の統合をキーワードに、協会、リーグ、クラブがタッグを組み、プロスポーツの新しい立ち位置を日本のなかで築いていく方針である。

個々のクラブの努力は非常に大切で否定するつもりはない。しかし、そこで数％来場者数が上がったとしても市場規模から見たら微々たるもので、リーグ全体、業界全体への影響は大きいとは言えない。やはり、協会、リーグが主導となりダイナミックに仕組みを変えていかないとスポーツビジネスは変化していかないと考える。

それを実現した代表例がＭＬＢ。ＭＬＢは放映権などあらゆる権益をリーグに集約することで効率化と利益拡大を果たし、この20年で大きく市場を伸ばしてきた。

１９９４年は日本プロ野球のＮＰＢもＭＬＢも、約１５００億円前後の市場規模であったが、ＮＰＢの現在は１８００億円に対し、ＭＬＢは１兆円を超している。これは入場者数を何倍も増やしたからでは決してない。むしろ1994年の一試合平均入場者数は3万2000人に対し、2018年は3万人と減少している。「リーグの統制」こそ市場規模拡大のすべてのドライバーとなっている。

そこからさらに一歩進み、リーグとクラブ、そして協会とも権益を統合しているのがアメリカのプロサッカーリーグのMLSである。協会管轄の代表チームのスポンサーとリーグのスポンサーをまとめて販売することで、3年で3～5倍にも利益を拡大。放映権も同様、代表とリーグのセット販売で3年で5倍になったと聞いたことがある。このように、**協会とリーグが一体となってビジネスをしていくことで、市場規模は大きくなっていく**のだ。

B.LEAGUEはMLSと同様の形を目指して事業を推進しようと考え、B.MARKETINGという事業会社を設立した。設立の意図は3つ。

① 権利価値最大化

JBA（日本バスケットボール協会）およびB.LEAGUE両法人の権利を一括で扱うことにより、ビジネスパートナーにとって魅力的な商品設計が可能になり、権利価値を最大化することができる。

※ウインターカップ

毎年年末に行われる、全国高等学校バスケットボール選手権大会のこと。
高校バスケNo.1を決める高校バスケ界の最高峰の大会。

② 意思決定の迅速化

複数団体にまたがる権利も単一機関（B.MARKETING）での決定が可能になる。

③ 顧客対応力の迅速化

複数団体に関わる収益事業に特化した単一機関が誕生することで、業務内容の高度化と、団体間の複合案件に関する顧客対応の迅速化を図ることができる。

権益の統合はデータも

権益の統合は権利だけではない。データも、である。さきほどの統合DBをリーグだけでなく協会にもつなげていこうと思っている。日本代表なら日本代表戦、もしくはウインターカップ※といわれる高校バスケ、アマチュアもすべてプラットフォームを統一し、競技者データベースとも連携することも視野に入れて準備を進めている。

これは世界的にみても初めての取り組みだと思うが、「共通バスケーD」で競技者やバスケファンを紐付けていきたい。今まで野球・サッカー界では「スポーツをやっている人と観ている人は、ターゲットは別」ということを言っていた。データを見ていても実際そうだった。野球界に従事していたころに、外野スタンド、ライトスタンドに行って「高校球児だった人、いますか?」と聞くと、ほとんどいなかった。

B.LEAGUEでは、スポーツをやっている人はいずれプロの試合も観に来てほしいと考えている。観る人と競技する人との好循環をいかに作っていくかが、スポーツコンテンツホルダーとしての使命だと思っている。競技者と観戦者データを同じDBに入れることで、そういった分析もできるのではないかと楽しみにしている。

さらに協会、リーグ、クラブが連携することで「バスケを観る人、する人」を永続的にサポートする「健康サポート」もできるのではと考えている。試合会場に体脂肪の測定や個々の生活に合った食事や運動指導ができるような人や機器を置き、バスケを生涯スポーツになるよう誘導できたら素晴らしいではないか。

また、いざ運動しようというときに、近くの体育館の施設と連動できたらと構想している。そういった健康づくりをテーマにしたアプリの開発などを検討しているところである。

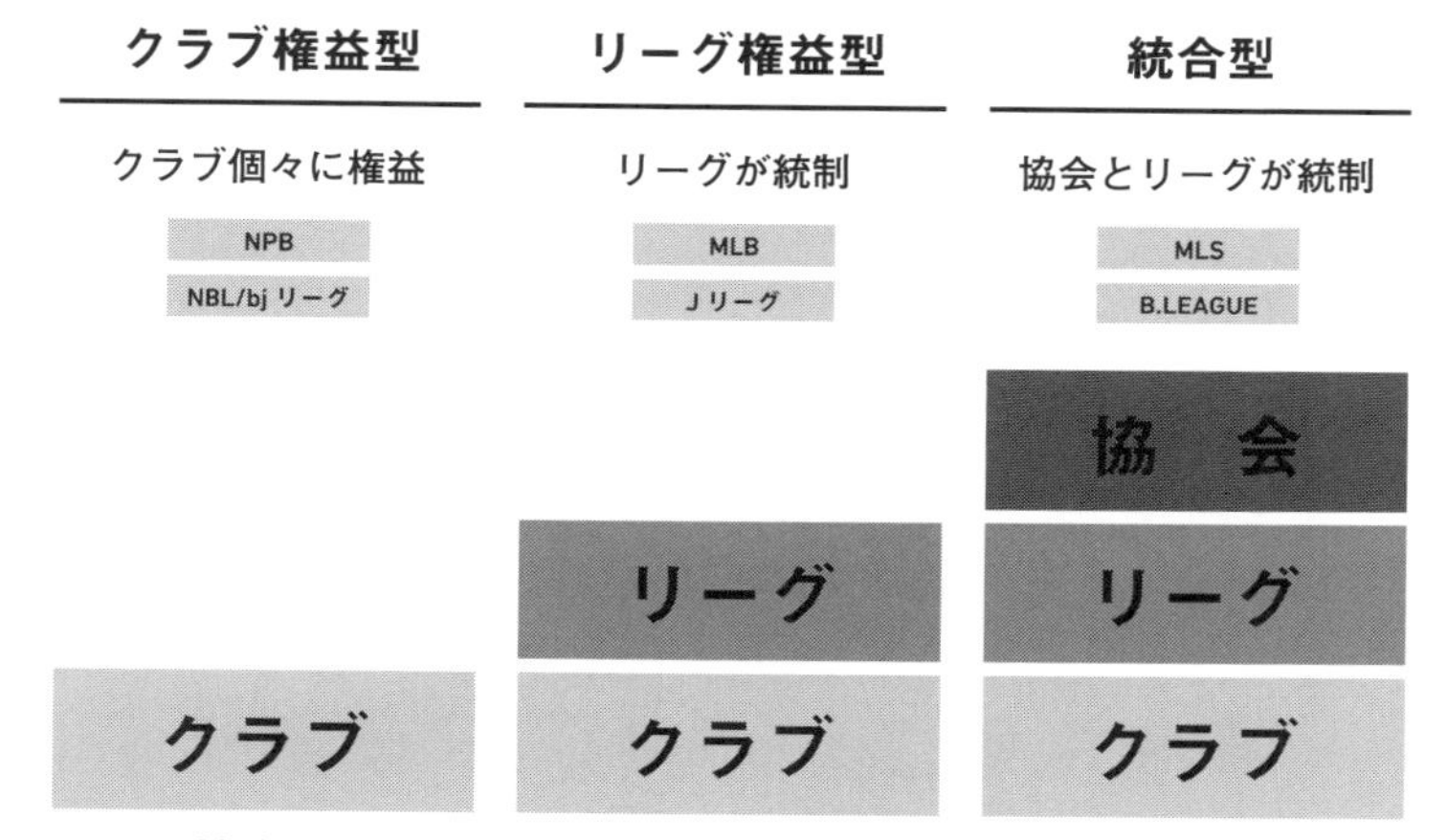

協会・リーグ・クラブ一心同体が成長のキーワード

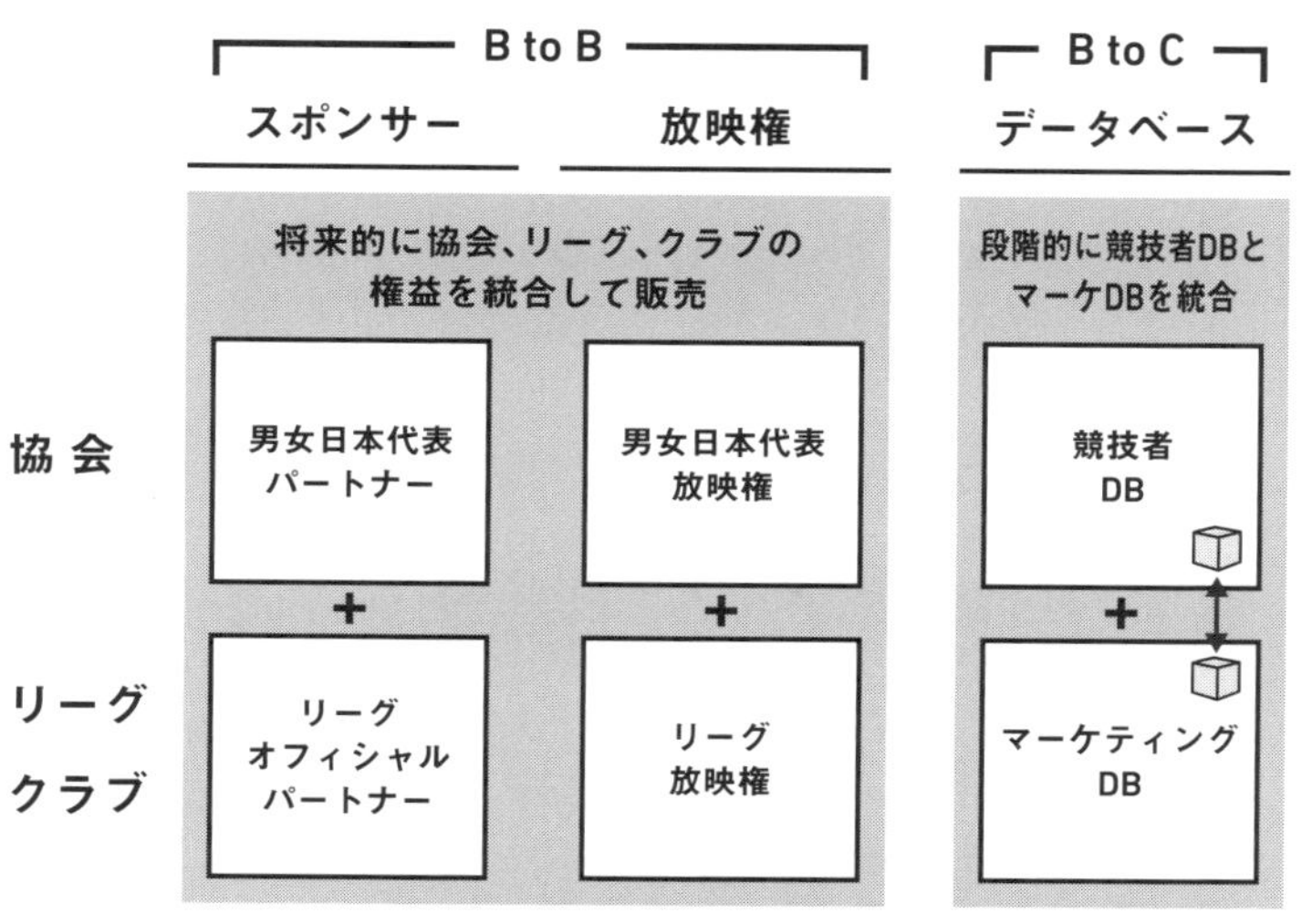

この構想は収益戦略の中核となり
B.LEAGUE のビジネスモデルの基盤となっていく

BtoCだけでなくBtoB分野でのデータ活用も検討している。たとえばスポーツアパレルメーカーやスポーツジムなど、スポーツ産業に携わる企業にとって、バスケプレーヤーのライフスタイルや行動傾向がわかれば、効果的なマーケティング展開が可能になる。その結果、収集した膨大なデータをもとにセグメント化することで、これまで見えなかった新たな市場が見えてくる可能性があると思っている。

バスケから日本のスポーツ界を変える

こういった、さまざまな取り組みができるのも、協会、リーグ、クラブの一体化、権益の統合があればこそである。権利を集約した事業会社（B.MARKETING）の設立や、総合データベースは今までの日本スポーツ界ではありえないことだった。また、世界のどの国を見ても、そしてどの競技を見ても協会、リーグ、クラブの関係が良好でなく、個別最適化している。

協会組織も一新され、フルスクラッチで構築できるこのタイミングで事業全般を任されたからこそ、プロ野球に従事していたころから感じていた、日本そして世界のスポーツビジネスが抱える問題をバスケから変えるチャンスだと思ったのだ。
成功すれば他の競技団体にナレッジをシェアできるし、たとえ失敗しても、それはそれで日本のスポーツ界にとっては大きなナレッジになると考えていた。

まだ2年目が終わったところに過ぎないが、まずはうまく進めることができたと思っている。

「デジタルマーケティングの徹底推進」「権益の統合」を推進することで10年でプロ野球とJリーグに追いつき、追い越すことを目指している。それは事業規模だけではなく、普及面でも強化面でも、だ。そのためには、少し厳しいくらいの高い目標を掲げて、協会、リーグ、クラブの三位一体となって進めていくことが大切だと考えている。

葦原の気づき

置き石をどこに置くのかが重要。プロ野球、Jリーグを抜いてNBAのようになりたいのか？　もしくは、そこそこでいいのか？　それによって戦略方向性はがらりと異なります。戦略論の前提として、いつまでにどのようになっていたいか？　この議論が極めて大切なのです。

COLUMN 3

写真で振り返る！　B.LEAGUE の軌跡

歴史的開幕戦 編（Part 1）

2016 年 9 月 22 日～ 23 日 B.LEAGUE 歴史的開幕戦

公式試合では世界初となる全面ＬＥＤコートを核にした革新的な演出が話題となり、開幕戦が行われた東京・国立代々木競技場第一体育館は両日スタンドを埋め尽くす約１万人の超満員の観客。そして日本のバスケ界で初となる地上波ゴールデンタイムでの生中継となったフジテレビ、そしてNHK BS、スポナビライブ、さらにLINE LIVEでの配信など、テレビ・インターネットを通じ多くの方にご覧いただき、バスケ新時代を迎える歴史的な日は華々しくスタートを切ることができました。

ターゲットは「若者」と「女性」

【マーケティング戦略 論】

2015年に準備室を立ち上げた際、来場意向を
持っているのがどのような人たちなのか
ということを徹底的に調べた。
①Sociability & Stylish＝
　1人観戦型ではなく集団観戦型・オシャレ
②Active＝家にいるよりも外出することが好き
③Mobile ／ Magazine First＝
　情報収集はTVやPCではなく「スマホや雑誌」
④Influencer & Trendy＝
　発信もシェアも積極的で流行に敏感
頭文字をとって「SAMIT（サミット）」と呼び、
顧客像を描くことで、訴求力のある
マーケティングを展開していった。

01

攻めるターゲットを厳格にセグメントする

個性的な選手たちが商品。
そしてマーケティングペルソナを公開

2リーグ分裂時の
ユニーク来場者数は30万～50万人ほど。
顧客調査の結果、来場意向者の9割以上の
顧客を取りこぼしていることがわかった。
誰に対してどんな施策を打っていくか、
あいまいにならないよう、
来場意向者の明確なペルソナ像を
設定し、マーケティング施策を行った。

７００万人の観戦予備軍をつかめ

全面ＬＥＤコートでの印象的な開幕から始まり、２シーズンを終え入場者数は、旧リーグ時から50％増となる２５０万人を達成。その裏側には、全国７００万人の「観戦意向者」のペルソナ化と、ターゲットとなる「若者」と「女性」に向けたマーケティング戦略にある。

２０１５年に準備室を立ち上げた際、「新リーグを盛り上げるためにはどうするべきか」を検討し、２つの点に着目した。

着目点１　競技者人口のポテンシャル

世界でいちばん盛んなスポーツは、サッカーとおっしゃる方が多いが、実はバスケである。競技者人口でいうとサッカーが２・６億人で、バスケが４・５億人。国内においては競技者登録人口はサッカーが約90万人で、バスケが約60万人になる。

なぜこんなに多いのか？　サッカーだと９割以上は男子だが、バスケは男女半々がやっている、まれなスポーツだからだ。

着目点2　観戦意向者数

競技者数でいえばバスケはサッカーの6割、観戦意向者数は推計で1500万人に対して700万人と約半分（53ページ参照）。潜在的にはサッカーの5掛けであるはずなのに、事業規模や入場者数はどちらも1割（53ページ参照）。

これを見たときに「根本的におかしい」と思った。そう、顕在化していないのである。

ターゲットは「若者」と「女性」

またその観戦意向者数を紐解いていくと、若い世代で高く、とくに女性が多いことがわかった。この潜在来場者となる700万人に来ていただくために、「若者」「女性」を主なターゲットとすることにした。さらに顧客像を描くことで、ターゲットに対して訴求力のあるマーケティングを展開できるよう、ペルソナも調べてみた。

その結果、野球は1人観戦の方が多いのだが、バスケは集団観戦したいという方が多く、「家にいる」よりも「お出かけ好き」。お出かけ好きだが、睡眠は人並みにとっている。そう、家での滞在時間が少なく、テレビはあまり見なく

ターゲットセグメントを行ってわかったこと

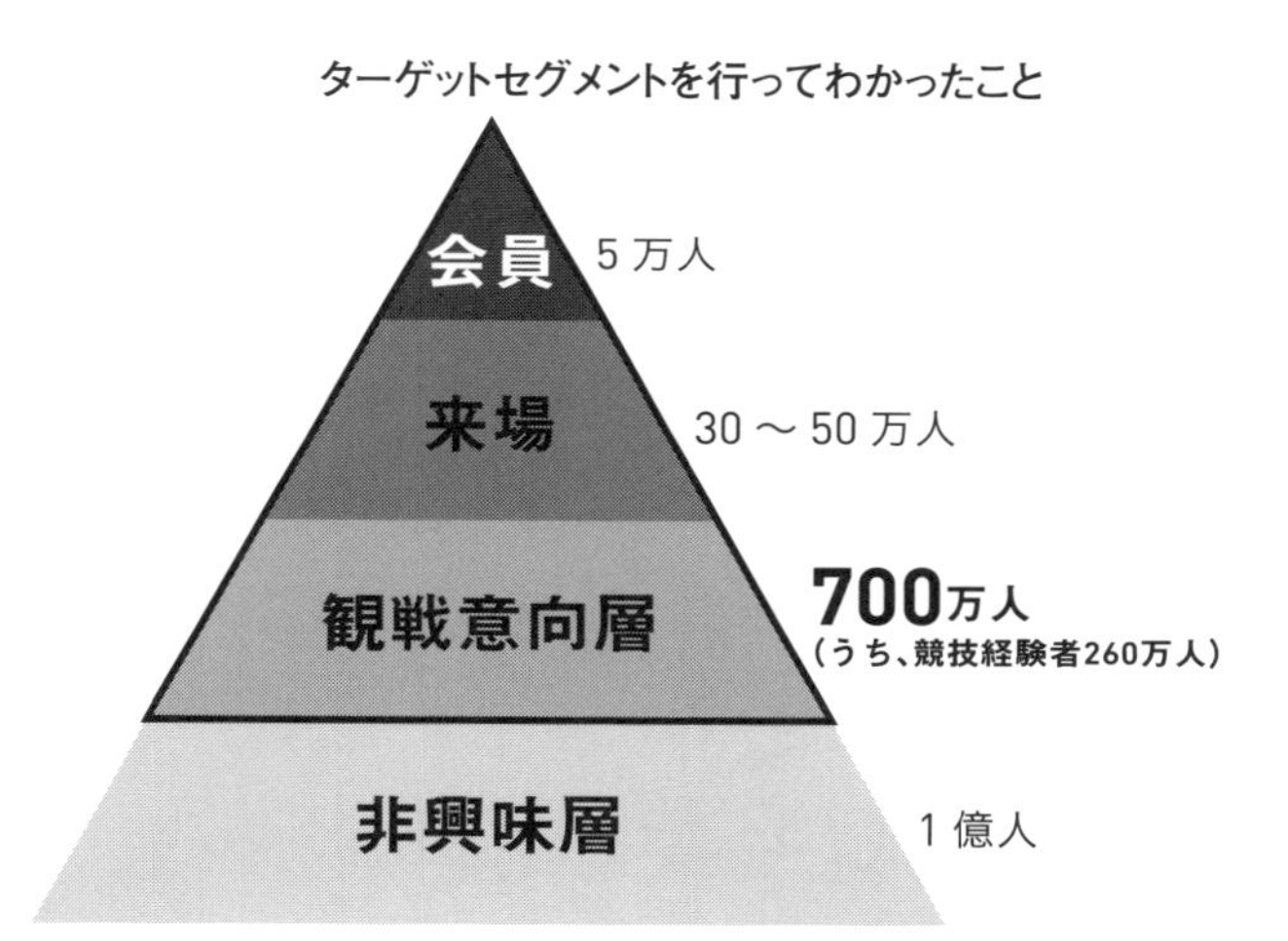

SOURCE: B.LEAGUE (2015)

全国にバスケ観戦意向者数は約700万人

てモバイル派。でも雑誌は読んでいる、という方が多かった。そして情報を「収集する」というより、「シェアしたい」という方が多いということがわかった。

まとめると、1人よりも集団観戦を好み、オシャレで、お出かけが好きなアクティブな人。また、情報収集の媒体はスマホや雑誌を中心とし、流行にも敏感で、自らも積極的に発信を行うといった特徴になる。

このような人たちをターゲットにしていくにはどういった設計をしていくかと考えたときに、「スマホファースト」、つまり、**興味喚起から体験共有まで一連の流れがすべてスマホでできるような世界**が良いのではという結論に至った。

来場のキッカケは「誘われたから」

さらに、今まで1回も来ないで、はじめて来たお客様に「なぜ来場したのか？」というデプス調査（調査専門会社によるグループインタビュー）を実施したところ、全員が最終的に「誘われたから」との回答だった。

皆さんからすると、一見、当たり前の答えかもしれないが、私にとっては衝撃だった。従来、そのようなスーパーライト層に対して、どの沿線に住んでいて、どんな媒体だと目に留まるかを分析してプロモーション活動をしていた。しかし、それは全く無意味だとわかった。来場する理由として、最初は＊＊選手が好きとか、＊＊のフードが気になっていたと答えていたが、深く突っ込んでいくと、結局は、会社、家族、友人から誘われて来場していたのだ。

ライトなファン層を取り込むためのマーケティングを行うことで、新たなファンの拡大を図るのが一般的だが、私たちはライトファンの属性分析を続けていくうちに、**コアファンが「誰を誘いたくなるか」「どういう情報を伝えれば誘おうと思うのか」というメカニズムを解釈することのほうが大切だ**と気づかされたのだ。

つまり、ライトをターゲットにする際、ライトファン分析よりコアファン分

※ UI/UX 設計

サイトやコンテンツを利用することでユーザーにどのような体験をしてもらうかまでを意識して設計すること。UI＝ユーザーインターフェイス。UX＝ユーザーエクスペリエンスの略。

析のほうが重要ということになる。**コアなファンに試合を観てもらい、その後、周囲の人たちを誘って再び会場に足を運んでもらう**という流れにするために、SNSなどライトファン向けのデザインも大切だが、コアファンが気楽にチケットを同時に多く買えて、一緒に行きたい人とシェアできる、といったような「誘いやすい」UI／UX設計※をB.LEAGUE全体で意識している。

「スマホファースト」「ペルソナの設定」でB.LEAGUEのデジタルマーケティングは一定の成果が出ていると実感している。B.LEAGUEのチケット購入者の50～52％くらいが20～30歳代というのは、野球、サッカーと比べても圧倒的に若い。なかでも入場者に対する女性比率が高く、試合を重ねるごとに、その比率は高まり、B.LEAGUEの最終試合である、1年目の年間優勝クラブ決定戦では、ついに女性の割合が過半数を超えた。

葦原の気づき

ターゲットセグメントを特定するときは、基本属性では見ません。あくまでもそのターゲットの趣味嗜好含め具体的イメージが湧くまで、くだいていきます。そのほうが、そのあとの具体的戦術論に結びつきやすいからです。

02

キモになる戦略は「スマホファースト」

スマホ1台で
すべてが完結する世界観を構築する

「1人観戦より集団観戦型」
「スマホで情報収集」
「SNSでのシェア志向」
調査結果をもとに、
ターゲット層と親和性の高いスマホ1台で、
ビジネスが完結できる仕組みを
確立しようと考えた。

※ファーストスクリーン

コンテンツ視聴のメインデバイスのこと。

入場は電子チケットで

多くのプロスポーツでは「チケット」「中継放送」「スポンサー」「グッズ」が4大収入源となっている。B.LEAGUEでは、ターゲット層と親和性の高いスマホ1台で、そのすべてを完結できる仕組みを確立しようと考えた。

まず、チケットはプレイガイドではなく、直販による電子チケット制を導入した。お客様はスマホでwebサイト、またはB.LEAGUEチケット専用アプリで購入・決済し、当日の入場方法はスマホに「電子スタンプ」を押してもらうことで入場できるシステムを採用した。

多い日はB.LEAGUEチケットの4割近くが電子チケットでの購入。紙のチケットも残してはいるが、こうして集めた顧客の購買履歴を蓄積し、次の戦略へとつなげていきたいと考えている。リーグ全体の収益を各クラブへ分配するときの、リーグへの貢献度合を見た経営実績のひとつとして、スマホ経由のチケットを多く販売したクラブに手厚く配分するようにしている。

また試合中継はテレビではなく、インターネット放送を私たちのファーストスクリーン※とし、グッズ販売は、試合会場でのワゴン販売ではなくECサイトを積極的に活用している。こうして、収入側面、プロモーション側面しかり、デジタル中心でスマホ1台で、そのすべてを完結できる仕組み・世界観を作り上げた。

プロモーションもスマホを意識

プロモーションの側面でお話しすると、B.LEAGUEには北海道から沖縄まで35都道府県46クラブが所属している。一方、サッカーのJリーグが10クラブで発足し、25年かけて38都道府県54クラブが所属するようになったことと比べると、B.LEAGUEはスタート時点からその規模が大きいことがおわかりいただけると思う。

しかし、Jリーグと違うのは認知度の低さだ。認知度ゼロからスタートしたB.LEAGUE、そしてほぼゼロに等しい選手認知度。個性豊かな選手が数多くいるのに知られていないのは長くプロ選手とアマチュア選手が混在した2リーグ体制が続いたことの弊害である。かろうじて皆さんがご存知なのは、NBAのコートに立った唯一の日本人である田臥勇太選手（栃木ブレックス）くらいだろうか。彼の場合でも認知度30％ぐらいで、他の選手の認知度は0～1％程度であ

スマホファーストで収益をつくる

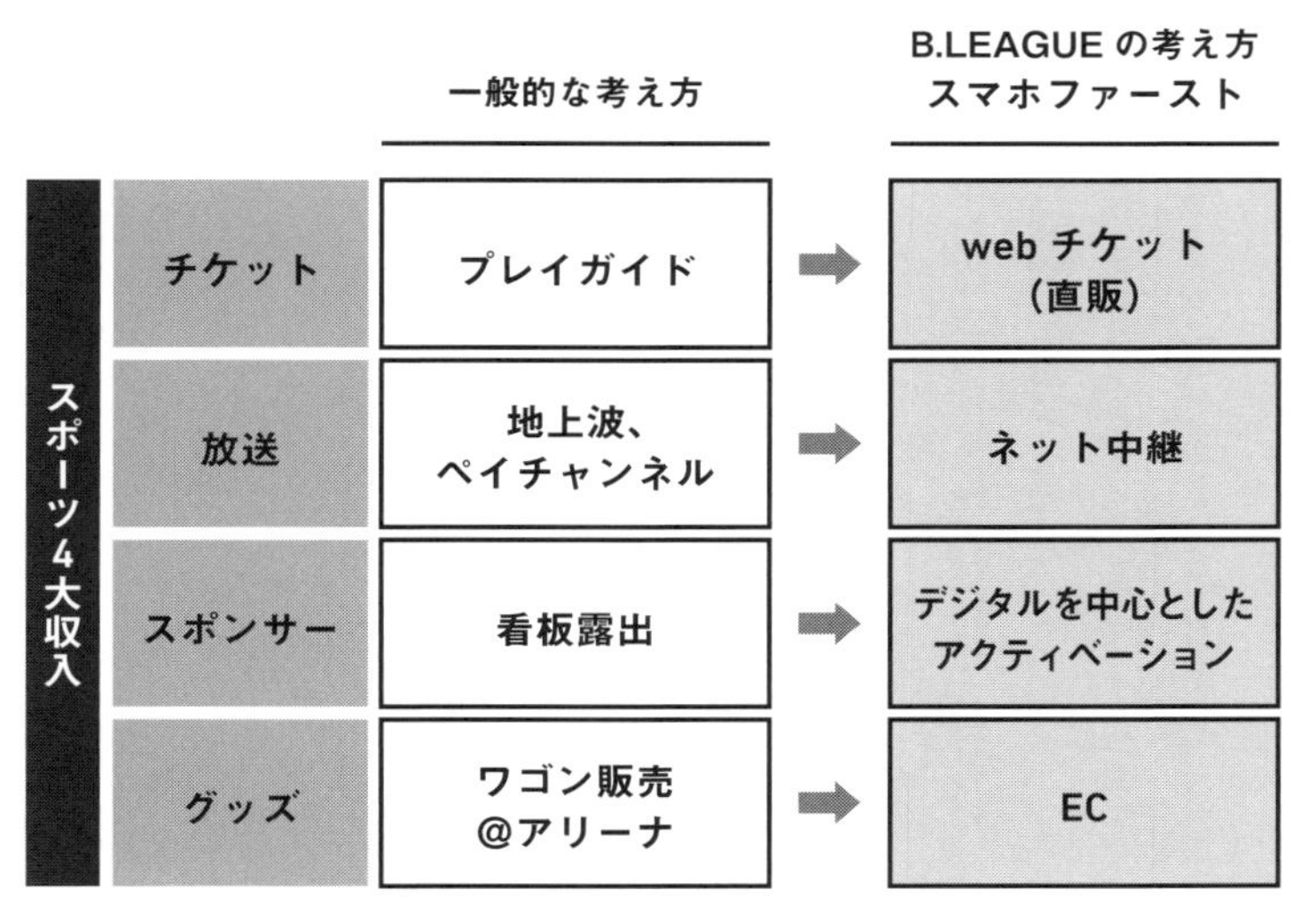

B.LEAGUE では 4 大収入すべてにおいて
スマホを基軸として戦略設計

※ AR機能

拡張現実感（Augmented Reality）の略。現実の世界とデジタル情報を重ね合わせることで現実にはそこにないものを、そこにあるかのように伝えることができる技術・機能。

る。開幕までにリーグ、選手の認知を高めるために、デジタルを軸にさまざまな施策を打ってきた。

1つ目が、集英社「メンズノンノ」とのコラボだ。男性ファッション誌と女性ファッション誌を統括する集英社の名物編集長、日高麻子氏にお願いをし「B.LEAGUE BIBLE」というムック本を発行した。表紙には三代目J Soul Brothersの岩田剛典さんと山下健二郎さんを起用し、ムック内には「バスケ好き」「元バスケ部」を公言する、広瀬アリス、すず姉妹ほか、各界を代表する豪華な著名人にご登場いただいた。その効果も相まってAmazonでは予約販売の時点で完売するという従来のバスケ界にない、多くの反響をいただくことができた。

我々としては単なるムック本を刊行して終わりではなく、雑誌制作を起点とした多角的なPR展開が狙いだった。

メディアへの売り込みのネタとしてだけでなく、ネット上での拡散を狙い、表紙にスマートフォンをかざすと岩田さん、山下さんが誌面から飛び出しシュートしているように見えるAR機能[※]を搭載した。また、雑誌の制作過程を

「B.LEAGUE BIBLE」表紙

田臥勇太選手はじめB.LEAGUE選手に混じって、三代目 J Soul Brothersの岩田剛典さんと山下健二郎さんにもご協力いただきました。

webコンテンツ化することで、ネットでの話題の最大化にも努めた。
また、朝日新聞とバスケ漫画「SLAM DUNK」の作者・井上雄彦氏とのコラボも行った。毎月1選手と対談を行い、井上氏に描いていただいた選手イラストと対談内容を掲載することで、一般認知を高めようとする狙いがあった。2シーズン目も継続して続いており、加筆されムック本も出版されている。

この連載で井上氏に描いていただいたイラストは、リーグの公式SNSフォロアー数を増やすために実施した「あなたがプロバスケ選手だったら」という企画にも使わせていただいた。

いくつかの質問に答えると、回答内容に応じて、趣味嗜好が近い選手が、井上氏の描いた選手イラストとともに現れ、ダウンロードできるというものである。

また4月1日のネット上でのお祭り騒ぎであるエイプリルフールも積極的に活用。1回目は、Yahoo!オークションとコラボをし、歴史的なB.LEAGUE開幕戦で選手として出場できる権利を2億円で出品、2回目はJリーグとコラボをし、業務提携を結んだと発表。3回目はソニー・ミュージックエンタテインメントとタイアップして選手をアーティストデビューさせるなど、ネット上で大きな話題をよんだ。

ＳＮＳのフォロワー数は２年で４００万人超

当初からデジタル中心の考え方のもと、オウンドメディア※、ＳＮＳといったネット上で発信力をもつ（＝メディア化）することで、効率的にユーザーに届く仕組みを構築していくＰＲ方針で進めてきた。

その結果、２年で、ＬＩＮＥを含めたＳＮＳのフォロワー・お友達数は４００万人を超え、メディアとしてのパワーも高まってきた。しかし当時は認知も発信力もなかったので、発信力のあるメディアや会社とコラボレーションすることで、認知を上げることに注力してきた。

また自らの言葉で発信するよりも、第三者に委ねたほうが信頼性、客観性をもってユーザーに響くと考えていたので、発信された情報を二次的に自社のデジタルメディアで発信しＰＲするという手法をとっていた。

また、マスメディアへの売り込みもしかり。いきなり「テレビや新聞に掲載してください」ではハードルも高いため、そのメディアがもっているデジタル媒体へ掲載をしてもらうといったスタンスをとった。

※オウンドメディア

web サイトや SNS、広報誌、冊子といった自社で所有・運営するメディアのこと。

最終的に意識しているのはリアル

この項目では、バスケのポテンシャル、そしてペルソナから導き出した事業方針の1つにある、**デジタルマーケティング**についてお話しした。デジタルばかりやっていると、デジタルのなかだけでKPIが決まって、デジタルだけで解決しようとしてしまうが、あくまでもデジタルは目標を達成するための〝ツール〟に過ぎない。

私は、**スポーツを通じてリアルの世界で人と人がつながり、ワクワクするような世界を作ることが大切だ**と思っている。

スポーツも〝ツール〟である。ボールひとつあるだけで、きっかけが生まれ友達と仲良くなれる。応援しているうちに隣の人と盛り上がった経験をお持ちの方も多いだろう。「する」スポーツにおいても「観る」スポーツにおいても、人とコミュニケーションする「きっかけ装置」としてスポーツは存在すると思っている。

そして、デジタルも結局は〝ツール〟である。データの力で、趣味嗜好の近い人たちを何気なく結びつけてくれるのが、デジタルの力。ネットの世界で知り合い、ネットの世界だけでつながっているのが現在の社会だ。

しかし、最終的に意識しているのはリアルである。「みんなで一緒に観にきてね」「いろいろな人と仲良くなってね」というメッセージを常に心に抱きながら事業を推進している。

日本は今、若年層を中心にどんどんコミュニケーションが希薄化している気がする。

スポーツでその社会を少しでも良くできないか。「スポーツはコミュニケーションツール」。この想いでこれからもB.LEAGUEを発展させていきたい。

葦原の気づき

最初はただひたすら「デジタルマーケティング」押しで進めてきました。しかし、今から思うと、途中からあくまでリアルコミュニケーションを活発化するためのデジタルと位置づけてから、社外を含めた理解、共感がふくらんできたように思います。「デジタルマーケティング」という言葉が世の中にあふれていますが、その目的を再整理することも重要だと、改めて気づかされました。

03

私たちが積極的にSNS活用をした理由

リーグが積極的に主導し フォロアー数もクラブ配分金に加味

開設から2年間で
SNSフォロアー数が400万人を超えた。
これは他のプロスポーツにはない
独自のマーケティング施策と言われている。
リーグ単体だけでなく、
クラブを巻き込んでSNSを積極活用して
いるのが特長だ。

自分たちで発信するしかなかった

2シーズンを終え、入場者数は、旧リーグ時の50％増となる250万人を達成することができた。その要因の1つとして、**積極的なSNS活用**もあると思っている。開設から2年間でFacebook、Twitter、Instagram、LINEのフォロアー、お友達の数が400万人を超えた。これは他のプロスポーツにはない独自のマーケティング施策と言われている。

ここでは、そのポイントを4つほどあげて解説したい。

1　告知媒体としての活用

ターゲットが若年層だったことも活用理由の1つだが、「多くの人に情報を届けよう」としたときに、メディアでの取り扱いが他プロスポーツ興行と比較して少なかったということも背景にある。とくに開幕前は、「誰も取り扱ってくれない」状態だったので、認知度を上げるには、SNSを開設して自分たちで発信するしかなかった。

SNS以外でもマスメディアでの露出量を増やすために、記者が試合会場に足を運ばずとも、ネット中継を観ながら記事が書けるように、映像や写真といった素材を自動配信する仕組みも作った。しかし、テレビや新聞は我々では露出コントロールできないので、自社で発信力をもつ（＝メディア化する）ことは当初から戦略の1つにしていた。そのため、SNSに比重を置いて活用している。

2　潜在・コアファンへのアプローチツール

700万人いる潜在顧客に対してのアプローチにも有効である。いきなり試合会場にどうぞ、という従来のスポーツ興行の手法ではなく、「まずはつながりませんか？」とハードルを低く設定することができるのも、SNSならではである。

そしてスピーディかつダイナミックな動き、そして得点シーンが多いバスケはSNSと相性が良い。会場の雰囲気を感じてもらい、「行ってみたい」と思わせるような投稿を心掛けている。

同時に、コアファンへの投稿も意識している。前述したように、来場したライトファンを対象に「なぜ来場したのか？」という調査を実施したところ、**全員が「誘われたから」と回答した**。これを受け、潜在層の観戦意向を高めるだけでなく、コアファンにどのような情報を提供すると、周囲の人を誘いたくなるのか？　という目線での投稿も心掛けている。ファインプレー動画など「シェアしたくなる」投稿を意識しているのだ。

3　チケット販売媒体としての利用

前職でデジタルマーケティングに従事していたスタッフが、ＳＮＳ経由での販売率が高かったということを聞き、調査したところ、B.LEAGUE FINALでは、**チケット購入数のおよそ30％がＳＮＳ経由であることがわかった**。

ｗｅｂやアプリの直販サイトに続き、ＳＮＳが2番目に高く、主要な販売経路のひとつになっている。

4　リアルとの融合

ＳＮＳだけで完結するのではなく、記者会見やイベントなどの、リアルイベントではＳＮＳを使ってライブ配信を行っている。また、ＬＩＮＥでは毎週クラブ持ち回りで、選手のトークを生配信した。またリーグ主管試合でも積極的に活用し、なかでも「B.LEAGUE ALLSTAR GAME 2017」ではコンセプトの1つに「ＳＮＳ連動」を加えた。戦う2チームのチーム名から、出場選手もＳＮＳを使ってのユーザー投票で選び、当日のダンクコンテストのファイナリストやＭＶＰもＳＮＳ投票で選ぶという、アジアで初めてのハッシュタグバトル※も実施し、ユーザーとのインタラクティブなコミュニケーションの上に成り立つオールスターにした。

こういった一連の取り組みはリーグだけではなく、クラブ・選手も巻き込むことで、波及効果はさらに高まる。

リーグとしてＳＮＳを強化していく意思をクラブ側に伝えているのもそうだが、リーグ全体の収益を各クラブへ配分するときの、リーグへの貢献度合をみた経営実績の項目の中にもＳＮＳの影響力といった項目を入れている。世界におけるリーグの配分金は基本的に勝敗で決めるところが大半だが、Ｂ.LEAGUEではＳＮＳのほか入場者数やローカル放送での露出度などといった項目が多分に入っている。これによりクラブも積極的にＳＮＳを活用している。

プロ野球やＪリーグでもＳＮＳアカウントをもっていないチームもあるなか、リーグが開幕する２カ月前に、リーグの全36クラブがFacebookとTwitterの公式アカウントを開設。Twitter社とFacebook社に協力を仰ぎながら、そのアカウントを公式認証化した。加えて、各クラブ所属選手５人以上へのTwitterア

※ハッシュタグバトル

Twitter や Facebook などの SNS に投稿する際に用いられる＃（ハッシュタグ）を活用し、MVP をファンの方々の SNS 投票で決定するというもの。B.LEAGUE 公式 SNS で発表される候補選手の指定ハッシュタグを投稿することで、指定時間内に投稿がいちばん多かった選手に授与されるという SNS 連動企画。投稿したユーザーの記事経由で、そのフォロワーに対し B.LEAGUE への関心・認知を高めてもらおうという狙いも。

カウント開設を推進したことで、**選手をより身近に感じていただきやすい環境を作った**。そしてクラブ、選手にはソーシャルリスク※を共有したうえで、炎上を恐れるよりも、積極的に発信していき、自分たちの価値を高めていこうという**攻めのスタンスでSNSを活用しよう**と、私は言っている。その後は、定期的に成功事例の共有会をリーグ主催で行っている。

リーグ、クラブ、選手が一体となってB.LEAGUEを盛り上げようといろいろと試みをしているなかで、SNSがあり、その結果が出てきていることでクラブ側も、いろんな試みをする。今は良いサイクルが回っているのかな、と思っている。

葦原の気づき

SNSの位置づけとして、当社は「認知拡大」「観戦意向向上」のためのツールとしていました。2年間、数字を見ていてSNS経由での「購買」が意外と高く、とくにLINEの貢献度合が大きくなってきています。

※ソーシャルリスク

情報伝播力が強いFacebookやTwitterといったSNS上で発生する風評被害や誹謗中傷、炎上、情報漏洩などのトラブルのこと。

04

マーケティング体質になるために心掛けたこと

NBAから学ぶ、収益力強化の秘密とは?

NBAの1チーム当たりの平均売上高は
約140億円。
これはB.LEAGUE初年度の
B1クラブ平均売上の約20倍。
同じ競技でこの差は驚異的だ。
NBAへ行き、その秘密を探ってきた。

逆1対2の法則

開幕半年以上前の2015年冬。

私は大河チェアマンやマーケティング部長の安田らとNBA本体に行き、あらゆる部署の方たちと朝から晩までディスカッションした。

その際、さまざまなデータを教えてもらったのだが、その1つが売上構成の中身であった。

今、NBAの1チーム当たりの平均売上高は約140億円。B.LEAGUE初年度のB1平均売上の約20倍。同じ競技をやっていて20倍という差は脅威的だ。

そして、注目すべきポイントが2つあった。

まずは**チケットとスポンサーの売上比率**である。

NBAのチケット平均売上は45億円。一方、スポンサー平均売上は20億円。ざっくりチケット売上はスポンサーの2倍である。NBAの下部リーグ（Dリーグ）のチケット平均売上は1億円、スポンサー平均売上は0・5億円で、NBA同様チケット売上はスポンサーの2倍である。

一方、B.LEAGUE初年度のB1のチケット平均売上は1・5億円、スポンンサー平均売上が3・0億円。NBAとは逆で、スポンサー売上のほうが大きく、チケット売上の2倍になっている。

ちなみに、サッカーJリーグ・J1のチケット平均売上は7億円、スポンサー平均売上が15億円で、B.LEAGUEと同様スポンサー売上のほうが大きく、チケット売上の2倍になっている。

これはたいへん深遠な意味を有していると捉えている。

真のマーケティング体質になるために必要なこと

まず最初にクラブ経営をしていくときに、どの社長でも必ず「入場者」がいちばん大事と、ほぼ間違いなく言う。なぜならば、入場者数を増やすことで、チケット収入、グッズ収入は当然伸び、間接的に、スポンサー収入や放映権収入においても良い影響を与える。スポーツ4大収入においてのキードライバーである。

しかし、よく陥ってしまうパターンだが、実際経営をしていくと、入場者数よりも協賛活動探しに事業活動の大半を費やしてしまっていくようになる。なぜならば、各々の地場の小さな協賛費用をいただくほうが、時間的効率性が高

※ SVOD

Subscription Video on Demand の略。
単位時間ごとに所定の料金で映像コンテンツを好きなだけ視聴できるというコンテンツ配信サービス。

事業別方針を立てる

領域	分担	方針	機能別	戦略キーワード
B to B	リーグ	セントラルコマース	放映権	・露出重視 ・制作著作確保 ・SVOD※
		権益統合	スポンサー	・少枠高単価 ・データ活用 ・直販重視
B to C	クラブ	デジタルマーケティング	チケット	・スマホファースト ・直販 / 前売重視 ・シーズンシート重視 ・チケットプラットフォーム統一 ・web 統一
		プラットフォーム整備	グッズ	・ブランドコントロール ・商標ガイドライン策定

いちばん重要なのは「チケット」

く、そして粗利もチケットを売るよりも高いから、どうしても手堅く経営数字を作るためにこちらが優先となってしまうのだ。

どんどん協賛活動重視になり、入場者数重視といいながら、経営会議でもチケット売上の報告より、スポンサー売上の進捗報告が先になる。これが1つのスポーツビジネスの落とし穴だと思っている。

スポーツマーケティングにおいて、ターゲットセグメントの選定や戦術分析は大事である。だが、何よりもいちばん大事なことは、**経営トップ自らが、とにかくチケット収入、入場者数重視の姿勢を貫き、クラブ運営においてもぶれずに言い続けられるか**だと思っている。

ちなみに、プロ野球球団においても、入場者数重視はどの球団も唱えている。実際、トップから現場まで、入場者数重視の意識があるところは、チケット売上はスポンサー売上より多いが、口だけで現場まで落ち切っていないところはその売上構成は逆になっていると感じる。

※ロイヤルカスタマー

特定の企業や商品、サービスに対しての忠誠心の高い顧客を指す。商品やサービスを繰り返し購入してくれる、競合他社の商品・サービスに乗り換えない顧客のこと。

※ユニークユーザー

1年間に入場した人の数。ただし、複数回入場しても1名と数える。

ロイヤルカスタマーの重要性

NBAの経営数字の話に戻る。

もう1つの象徴的な数字は、**シーズンシート比率**である。

チケット平均売上45億円のうち、シーズンシート売上比率はなんと75％で34億円。つまり、アリーナ内のほぼ大半がシーズンシートホルダーであり、ロイヤルカスタマー※である。

入場者数は「**ユニークユーザー※×回転率（年平均入場回数）**」で分析できるが、たくさんのお客様に愛されたいからか、意外とユニークユーザー数にこだわってしまう経営者もいる。

昔からスポーツマーケティングでさまざまな分析をしているが、全く興味ない人を1回連れてくるコストは、今5回来ている人を6回にするコストより、6倍近くかかってしまう。あくまでもフェーズ論ではあるが、まずは手堅くロイヤルティーの高いファンを集めて、その回転率を高める施策が王道だと捉えている。天候やチームの好不調など不確実性の高い状況でも確実に収益化できるからである。

シーズンシートをいかに継続的に売るか

ＮＢＡヒアリングの際、**最も深く聞いたのがセカンダリーマーケット**である。セカンダリーマーケットとは、たとえば、チケットを購入していた人が何らかの理由で行けなくなったとき、他者に売れる仕組みのことである。日本でイメージしやすいのが、Ｙａｈｏｏ！オークションなどのオークションサイトである。ＮＢＡの場合、第三者でなく、彼らの公式プラットフォームで展開しているのだ。

狙いは、そう、**シーズンシートの継続率向上**である。年間約40試合のすべてを観に行ける人は、そうなかなかいない。観に行けなくなったシーズンシートホルダーは、ＮＢＡチーム公式のセカンダリープラットフォームで、さくっと誰かに売ることができ、たいへん便利である。こういった機能もチーム側に備わっており、すべて観に行けない人でもシーズンシートを買うことができ、また、すでに持っている人も継続しやすい仕組みになっている。

さらに、さすがだなと思ったのが、**チーム側のメリット**である。当然、着券率が高くなり、場内の雰囲気も良くなり、スポンサーやメディアライツにも間接的に良い影響を与える。

そして、彼らが言っていたのは、

「セカンダリーでビット（入札）している人の個人情報を得られるのが何よりも大きい」

ということ。

たとえば、どこかの試合のシーズンシートチケットが売り出されていたとする。この試合がとても価値の高い試合で、10人ほど入札したとする。最終的に購買できた人は1人だが、この他の9人の情報を得ることができ、とても有益。なぜならば、彼らは貴重なチケット購入見込リストになるのだから。

B.LEAGUEでもB1では、アリーナ全体の収容率に対する入場者比率が70％を超えてきている。ロイヤルカスタマーも当然大事だと考えている。そして購入者情報の取得も大事である。

いずれはB.LEAGUEでもNBAのようなセカンダリーチケットのプラットフォームが導入できればと考えている。

適正なチケット客単価の決め方

スポーツマーケティングにおいてよく議論になるのが、適正なチケット客単価論。クラブ側からすると当然高いほうが経営的に助かるが、世の中の感覚からずれていては全く話にならない。

昨今、さまざまなエンターテインメントのチケット価格を調べているが、今の日本のエンターテインメント市場においては、時間単価が800円が相場と捉えている。

たとえば、プロ野球。試合時間は2017年度で平均3時間8分。チケット平均単価が2500円弱。つまり、1時間で800円くらい。

たとえば、映画。だいたい2時間強で当日券で約1800円なので、1時間単価800~900円。エンターテインメントの雄・ディズニーランドとなると、平均滞在時間は8時間くらいと言われているようだ。現在の入園料は大人で7400円なので、1時間単価は900円ぐらいとなる。

消費者としては、何時間も楽しい時間を過ごせるから、これぐらい払ってもいいかな、と、深層心理で考えているように思う。

今のバスケットの試合時間は2時間で、チケット客単価はB1で平均

2000円なので、極めて妥当な域なのかもしれない。ただし、海外をみれば、NBAの平均チケット客単価は6000円なので、まだまだ単価アップの可能性・伸びしろはあると思う。

チケット客単価を上げるために必要なこと。そう、それは滞在時間である。今はまだ試合直前に来場され、試合終了直後にお帰りになるお客様が非常に多い。試合開始の何時間も前に来て、アリーナ内外周で家族で楽しめるような空間や、ちょっとした食事ができる環境があれば、さらに滞在時間が延びるだろう。そして、このような空間を創出していくためにキーとなってくるのは、アリーナ環境。現在、B.LEAGUEでアリーナを自由に使えるのは、「おおきに舞洲(まいしま)アリーナ」と定期建物賃貸借契約を結んだ大阪エヴェッサのみ。チケット客単価、滞在時間、アリーナ環境が密接に結びついた関係にしていくのが、スポーツのマーケティングの王道である。

葦原の気づき

マーケティング上の王道は1人当たりの年間来場回数を上げていく「コアファンのさらなるコア化」。この2年間で着実に足腰は強くなっています。一方、課題はライト層へのアプローチ。「常連さんしかいない寿司屋」状態でいくと、誰も近寄らなくなるという問題意識ももっています。

05

新たなマーケティング収益源に挑戦する

アウェイでの試合で収益を作る

2年目のオールスターゲームで実施した
パブリックビューイング施策。
最先端のテクノロジーを駆使し、
ドリブル音や足音などの振動も忠実に再現。
チケット販売を行ったところ完売。
来場者の満足度も高かった。
このスタイルが確立すれば、アウェイでの
試合も収益になる、
そんな世界にトライしていきたい。

アウェイでの試合でいかに収益を作るか

スポーツの基本的な構造として、チケット収入はホームチームが総取りというシステムとなっている。

B.LEAGUEでいえば、レギュラーシーズンが60試合あるが、ホームの試合である30試合のチケット収入はホーム側が総取りだ。一方、アウェイの30試合は、チケット収入がない。

B1の試合の収容率に対する入場者数はすでに70%を超えつつある。

次の一手が必要なのではないか？

この着目で、実験的に展開したのが、2018年1月14日に東京・恵比寿で実施した「次世代型ライブビューイング B.LIVE in TOKYO」である。

2年目のオールスターは熊本県立総合体育館で開催されたのだが、そのパブリックビューイングのことである。

ただ、普通のパブリックビューイングではない。パートナー企業である富士通社の全面協力で、最先端テクノロジーを駆使し、東京会場でも熊本でのオールスターの感動体験を届けることにした。４Ｋ大画面映像による迫力あるプレーを伝えるだけでなく、ドリブル音や足音などの振動も忠実に再現した。そして、熊本会場と東京会場の双方向コミュニケーションで一体感を創出した。

パブリックビューイングは、実はここ数十年何も変わっていない。ただ大きな画面に映像が伝送され、大勢で観戦する。そこに、最高の映像技術、生々しい音や振動、そして熊本会場との双方向性が加わるだけで、まるで別の世界が作り上げられる。

不安な気持ちもあったが、この新しい取り組みに対して、無料でお客様に来ていただくのではなく、価値があるものと考え、しっかりチケットを販売させていただいた。稼いでこそすべてなのだ。

結果はすぐにチケットは完売。平均チケット単価は５０００円と熊本会場よりも高額だったにもかかわらず。購入者の60%が女性で、熊本会場よりも10ポイント近く高かった。そして20~30代が多く、スマチケ（スマートフォンによるチケット購入&来場）比率が極めて高かった。

当日は、私も東京会場に行っていたが、新しい観戦スタイルの提言、新しい顧客層ということもあり、独特な雰囲気のなかで行われたが、試合終了後のお客様の表情は、笑顔が多く、思い切ってチケットを販売させていただいて良かったなと感じた。

次なる展開を視野に入れる

改めて、なぜB.LEAGUEはこのようなイベントを開催したか??

今はまだコストが高く実用化は困難だが、いつかは、アウェイの試合時にホームアリーナでチケット収入、そして物販収入を稼ぐモデルを構築したいからである。

たとえば、船橋アリーナでの千葉ジェッツ対琉球ゴールデンキングス戦。従来での形であれば、船橋アリーナでのチケット収入はすべて千葉ジェッツ側で、キングス側には収入は入らない。

しかし、このライブビューイングのスタイルが確立すると、船橋アリーナでの試合を、キングスファンの本拠地である沖縄市体育館で観戦するチケットを買って集結、応援する。そしてキングスはチケット収入などを得ることができる。

B.LEAGUEではこれを「第3の観戦スタイル」と呼んでいる。

第1の観戦スタイルは当然、アリーナ観戦。目の前で選手たちがプレーする会場にチケットを買って観戦に行く場所。

第2の観戦スタイルが家。テレビもしくはインターネットで観戦。無料で観ることもあれば、ネット配信で月額課金で支払い応援する。今後はVR、AR技術の発達で、家での観戦スタイルもガラリと変わってくるかもしれない。

そして、第3の観戦スタイルが、このライブビューイング型。目の前に選手たちはいないが、最先端テクノロジーを駆使して、まるでライブ会場であるかのような空間でチケットを買って参加。**家での観戦とのいちばんの違いは、みんなで盛り上げる**という要素である。

元来、日本人はチームとなり一体となって応援することを好む。

プロ野球に応援団はあるが、MLB（メジャーリーグ）では応援団はない。

日本の運動会。紅組、白組に分かれて、「えい、えい、おー」。これこそ日本人の応援の原点で、とにかく一緒に盛り上がりたい、時間を共有したいという想いが強い。

アリーナではもちろん選手と同じ空間にいられることを重要視しているだろうが、ある意味、非日常空間で、集団で盛り上がりたいというのが本質な気がする。そういう意味では、家での観戦では物足りない人も多く、一度、リアルなライブビューイングを経験してしまえば、はまってしまう可能性があると読んでいる。

ファンにとっては、年間60試合すべてで、ホームアリーナで同志たちと盛り上がることができる。そして、チームにとっては、30試合のホーム試合だけでなく、**アウェイでも収入があげられるようになる**、そのような世界、新しいスポーツマーケティングの世界にトライしていきたいと思っている。

葦原の気づき

実際ライブビューイングをして、気づいたのがターゲット選定の難しさ。音楽ファンなどライトファン向けにするのか？ コアファン向けにするのか？ それによって当日の演出内容や価格設定が大きく異なってくると感じています。

COLUMN 4

写真で振り返る！　B.LEAGUE の軌跡

歴史的開幕戦 編（Part 2）

全国各地で B.LEAGUE が開幕

歴史的開幕戦の翌日からは全国で 2016-17 シーズンがスタート。各地満員御礼！　ファンの声に後押しされるように、熱戦が繰り広げられました。B.LEAGUE 開幕の喜びと選手たちの想いを涙ながらにコメントする橋本竜馬選手（当時・シーホース三河、現・琉球ゴールデンキングス）のインタビュー動画に著者の胸も熱くなりました。

熱い試合が続々と

歴史的開幕戦の熱戦の余波が全国にも！　想定外の試合結果や、三遠 vs 川崎はブザービーターか！　という試合もあり、B.LEAGUE になり導入されたビデオ判定を初日から使うことに！　これには関係者もビックリ。手に汗握るエキサイティングな試合が各地で繰り広げられました。

第5章

B.LEAGUE流!
お金の稼ぎ方の本質
【営業論】

①ロジック・数字をもとにした正当な価値を示す
②お客様はスポンサーではなく、バスケ界と共に発展・成長させていく「パートナー」
③販売枠を少なくし、競争環境を作る
④パッケージでは売らない。企業ニーズを聞きカスタマイズ
⑤値引きを絶対にしない
⑥直販にこだわる。自分たちで汗をかく
⑦営業先の担当者を味方につける
この、7つの営業方針をもとに、従来のバスケ界にない数字を作るためのセールスを開始した。

事業戦略をもとに多方面に展開する

7つの営業方針を徹底実践。
本邦初公開!

川淵さんからの唯一のノルマは
「開幕初年度は20億円を作れ」だった。
旧リーグの5倍。
従来の10倍での値付けでの営業活動…。
しかし私はメンバーには
「絶対に値引きをしない」と言っていた。

年間20億円の資金を集めるための営業方針

川淵さんからの唯一のノルマは「初年度、年間20億円の資金を集めろ」だった。

これはJリーグでの経験や各スポーツ団体の台所事情を把握している川淵さんならではのロジックからはじき出された数字である。川淵さんに承認を得た事業骨子をもとにスポンサー向けの資料を作成し、従来のバスケ界にない、旧リーグの5倍となる数字を作るためのセールスを開始した。

私たちは代理店任せにするのではなく直販にもこだわった。2015年秋ごろのことだった。B.LEAGUEとして営業を進めるにあたっての方針を固めつつ野球界で培ったスポーツ人脈にアポイントを取っていった。

ここで**B.LEAGUEの営業方針**を掲げておく。

① ロジック・数字をもとにした正当な価値を堂々と話す
② お客様は「スポンサー」ではなく、バスケ界と共に発展・成長させていく「パートナー」である
③ 販売枠を少なくして徹底的な〝競争環境〟を作ることに注力
④ 儲けたいのではない。未来への投資をしたい、だから協力してほしいとい

うスタンス。企業ニーズを徹底的に聞きカスタマイズする。パッケージでは売らない

⑤ 値引きを絶対にしない

⑥ 直販重視。自分たちで汗をかくことは重要

⑦ 営業先の担当者を味方につける

「スポンサー」ではなく「パートナー」と呼ぶ理由

B.LEAGUEではスポンサーとは呼ばずパートナーと呼んでいる。これは旧来的な看板を切り売りした露出価値、そしてその費用対効果といった昔ながらの議論ではなく、B.LEAGUEの３つの理念（77ページ）を共有し、事業戦略を考えるところから一緒に、というスタンスだからである。パートナーを数社に絞っているのもこのためだ。

そして、もう一つ。**希少性を上げる**こと。Ｊリーグの契約パートナーは10社である。10社と付き合うのは現状のB.LEAGUEの規模ではハードルが高いので、5社と限定。１社当たりの金額を高めに設定した。そのなかで、旧来的な露出価値の話ではなく、データを活用した企業の課題にコミット※するようにカスタ

※コミット

企業の課題に対し、B.LEAGUE として課題感を認識し、B.LEAGUE の持つリソースを活用し解決に向けて共に取り組む姿勢を示すこと。

マイズして1社1社のニーズにあわせた価値を提供することを重視した。

そうして設定した価格は、1社当たり旧リーグと比較すると10倍になった。

しかし、強気で言えるのは裏づけがある。データに基づき、バスケにはポテンシャル、そして事業戦略を策定したなかから見えた価値があることを、ご興味をもっていただいた各社様にお話しする。訪問先では「値上げではありません、これがバスケの適正なバリューです」と、愚直なまでに言い続けた。

従来の10倍の値付けでの営業活動。最初は鼻で笑われていてなんとも言えない感じだったが、人間とは恐ろしいもので、それが慣れてくるとだんだん快感になってきたりもした。


さらに、私たちはお金儲けがしたいわけではなく、選手強化、事業の強化に投資し、バスケ、ひいてはスポーツ界を発展させたいという想いがあった。価格設定を緩めると、なし崩し的に値崩れが起き、強化費用に回せなくなるため、値引きは絶対にしないことも決めていた。開幕までに時間がないなか、早く決めようとすると値引きがいちばん簡単である。しかし、私はメンバーには「絶対に値引きをしない」と言っていた。

担当者を仲間に引き込め

営業方針①〜⑦をもとにバスケの現在価値、ポテンシャルを正しく伝え、成長する空気感を作っていった。そして先方のニーズは何かを中心にヒアリングするところから始めた。いきなり商品を売りつけることはしない。相互コミュニケーション営業である。

しばらくは、どこの会社からもなかなか良い反応が得られなかったが、私にはバスケが成功する絶対的な自信があった。その反応は織り込み済みで気にはしていなかった。それよりも今向き合っている会社に、「何をしたいのか？」「それはどういうターゲットなのか？」を聞き出すことにした。

B.LEAGUEの3つのミッション「世界に通用する選手やチームの輩出」「エンターテインメント性の追求」「夢のアリーナの実現」を共有し、事業戦略を考えるところから一緒にやりましょう、と熱く語った。そしてマイナーコンテンツであるバスケの価値を一緒に盛り上げていきましょう、と理念と想いを伝えることに注力した。

そうすることで次第に向き合っている会社の担当者が我々の仲間になってくれるのだ。これは大きなアドバンテージである。

現在、B.LEAGUEのトップパートナーであるソフトバンク様をはじめ、ソニー・ミュージックエンタテインメント様、富士通様、カシオ様、しかりである。ソフトバンク様にはスポナビライブでの展開など、情報発信の面での協力を、ソニー・ミュージックエンタテインメント様にはファンビジネスとしての選手の魅力づくり、グッズ展開などのノウハウを提供いただいている。富士通様は、センサー技術を使って体操競技で採点のサポートをする技術の開発を行っており、さまざまな技術をバスケットボールでも戦術や選手強化の面で応用していく予定だ。

こういった各社の得意分野でB.LEAGUEを活用していただきながら、それがパートナーとしてのメリットにどうつながるかに向き合い、ほかのスポーツ団体に見られない**リーグとパートナー企業との新しい関係を構築したい**と思っている。

葦原の気づき

今までの日本の競技団体はアウトソーシングし過ぎだと思います。B.LEAGUEは営業をはじめ、チケット、運営、物販など、なるべく〝自分たち（直販）〟で回そうと努力しています。それゆえ、トラブルも多いのですが、徐々に地盤が固まってきていると感じます。

02

なぜソフトバンクは
トップパートナーになったのか？

契約までのストーリー

ソフトバンクの孫代表と川淵さんは、
Jリーグ開幕当初からの
長年の付き合いがあり、
新しくスポーツ団体を設立する時は
声を掛けてくださいと話をしていた間柄。
2人の信頼関係から生まれ、
発展した大型契約となった。

25年前の小切手

競技者登録数はサッカーに次ぐ2位と圧倒的に多いにもかかわらず、2リーグ分裂、オリンピックに40年近くも出場していないこともあり、バスケはほとんどマスコミにもスポーツニュースにも取り上げられない状況だった。そのなかで、スポンサーとなっていただける企業がなかなか見つからなかったのは当然といえば当然かもしれなかった。10社訪問したら9社はダメ……数多くの企業に足を運ぶ毎日だった。

その毎日のなかで感じたのは、川淵三郎という存在の大きさだった。彼が旗振りをしているスポーツ団体ならと話を聞いてもらえることも多く、パートナーになってくださった企業の多くは、トップと川淵さんが親しい、ということも後押しになった。なかでもトップパートナーである「ソフトバンク」は、ソフトバンクグループ代表の孫正義氏と川淵さんとの間、Jリーグ時代からの信頼関係があったからこその大型契約になった。

それは今から25年前のサッカーのJリーグ設立当初に、孫代表が「Jリーグの放送権を買わせてほしい」と白紙の小切手を差し出されたことから始まるそうだ。そのときは、すでにＮＨＫとの契約をすませていたので実現には至らなかったが、そういったご縁があり、今回、「川淵さんが頑張っているバスケを全面的に応援しよう」と言ってくださったのだ。

ソフトバンク社とは、私がプロ野球時代からお世話になっている方と２０１５年秋から提携について現場レベルで協議は進めていた。そして、２０１５年冬、具体的な内容として動き出す。先方が考えるスポーツ事業のプレゼン資料と、金額条件まで書かれており、お互いが今後のスポーツ界がどう進んでいくべきかを真剣に話し合った。どちらかというと、条件面の話よりビジョンについて突っ込んでお話しさせていただいた。

２０１７年３月に行われたトップパートナー発表記者会見で孫代表がご登壇され、契約までのエピソードを話してくださっている。
「情報革命で人々に幸せをという考えを我々は創業時から持っている。Twitterで幸せとは何か？　と聞くと、家族や恋人たちとわかち合う感動がキーワードだった。スポーツは感動をもたらす。ＩＴの力でスポーツの感動を届けたいし、B.LEAGUEの大きな飛躍の役に立ちたいと考えた」

2015 ～ 16 年当時の営業資料の 1 部分

当時は営業提案先から失笑されるのは日常茶飯事であった

「Jリーグも日本にどれくらい根づくのか成長できるのかと心配していたが、川淵さんのリーダーシップで、こんなにも盛んになり大きく発展した。日本のバスケット界も混乱して、バスケットの存続そのものが危ぶまれ、多くの人が先行きを心配していたが、川淵さんが登場しておさめられた。見事な采配だと感じている。その川淵さんありきで（スポンサーの）金額は社内の議論を聞かずに先に決めた」

さらに「プロスポーツ運営は、どんどんプロ化していき、企業価値が高まっている。日本もこれからそうなっていく」とおっしゃられた。

オーナーとなっているプロ野球の福岡ソフトバンクホークスを例に出し、チームを持ったことで九州での認知度が向上し、携帯事業のシェア拡大につながり利益をもたらし、広告効果があった、とも話された。こうして短期間で巨額の金額の契約が決まったのだった。

ソフトバンクの狙い

これによりソフトバンクは新リーグのトップパートナーとして資金面でサ

ポートするだけでなく、ソフトバンクが新しく立ち上げる、スポーツに特化したスポーツ動画配信サービスにて、B.LEAGUEの全試合をスマホでライブ中継することになった。

なぜソフトバンクはバスケをサポートしてくれることになったのか？

バスケは競技人口世界一、そしてアメリカの3大スポーツ（アメフト、野球、バスケ）の1つである。そして、日本では競技人口が60万人以上なのに、プロリーグの存在感はないに等しい……このホワイトスペースの大きさと、Jリーグを成功させた川淵さんなら、バスケを人気スポーツにできると孫代表ならびにソフトバンクの皆さんは踏んだのではないかと思っている。

葦原の気づき

トップ同士の熱いビジョンの共有がトップスポンサー獲得の最大のポイントでした。ただし、単純にトップだけで会話しても着地しないので、それまでの周りのお膳立ても重要となりました。

03

お金か？信頼か？

目先の数字をとるか、遠くの数字をとるのか？
GIVE＆TAKE論

私は「お客様は神様」という表現はしない。
なぜなら、その対価に値するものを
提供させていただいているから。
一般的には「GIVE&TAKE」の関係である。
しかし、私はスタッフには
「GIVE&GIVE&TAKE」しようよという。
すぐに見返りを求めない。
ビジネスライクな関係は破綻する。
GIVEを続けると、
それがいつか大きなTAKEとして
帰ってくると思っている。

目先の10円？ 遠くの100円？ どちらをとるか

協賛活動をしているなかで、事務局内でいちばん議論になったことがある。それは「協賛金額の大きさだけで判断するか？」ということ。

当然、基本的に協賛金額の大きさはいちばん重要で、大きければ大きいほうが望ましい。金額が大きければ、その分クラブや選手にお金が回るし、リーグスタッフの給料もより上げられる。しかし、本当に「それだけ」で決めていいのか？

B.LEAGUEの、とあるサービスをめぐり数社が競い合って取り合うことがあった。インターフェイス良し、使い勝手も素晴らしく、企業信頼性も高い企業と、サービスの性能はかなり落ちるが協賛金を億単位でつけてくる企業が最後に残った。ちなみに、前者の企業の協賛は少額である。後者の企業信頼性は大変失礼ながら、まだ新参でそこまで高くない。

これは大変難しい判断になったが、B.LEAGUEの理事会でも議論をして前者を選ぶ判断をした。

その億単位の協賛金は喉から手が出るほど欲しかったが、やはりサービスは高品質なものを提供したい。そして、その提供価値が高ければ、中長期的に大きなプラスをもたらすだろうと考えた。

私は、事あるごとに、よく事務局スタッフにこう聞く。

「目先の10円をとるの？　遠くの１００円をとるの？」

この件も本質的には同じで、**目先の数字をとるか、遠くの数字をとるか、という議論であり、この話こそ経営イシューだと捉えている**。

この判断は当該サービスの重要度によっても、都度決断が違うだろうが、少なくとも、しかるべき重要機関で短期的享受と長期的享受の議論をしっかりしていくことは重要で、このようなガバナンスを引き続き行っていきたい。

GIVE&TAKEの関係は正しいか

営業活動をしていくうえで、もう一つ議論になったことがある。

それは、営業活動をしていくうえでのGIVE&TAKEの世界が正しいか？　ということ（私自身、このような答えがありそうでないようなテーマを議論することが好きであったりする）。

当然商取引上、何らかの便益を提供する見返りに対価をいただく。つまり、お金を払う人ともらう人は対等であり、GIVE&TAKEの関係である。

私は「お客様は神様」という表現はしない。当然、顧客ファーストではあるが、お客様は上下関係のある絶対的な地位にいるわけではない。あくまでも我々もその対価に値するものを提供させていただいている。

この「GIVE&TAKE」論は一見正しいようではあるが、私はあまりこの言葉を使わない。

私は「GIVE&GIVE&TAKEしようよ」とよくスタッフに言う。

以前、横浜ＤｅＮＡベイスターズで働いていたとき、尊敬している上司がいつも言っていた。

「営業する初日にいきなりお金ください、って顔するなよ」と。

その方はもともと業界きってのスーパー営業マン。その方の営業スタイルはとにかく強烈で、まずは先方のニーズを聞き出す、そして、野球界のビジョンを熱く語る、ストレートな言葉で。

また彼は部下に対するマネジメントも秀逸で、部下が相談しに行くとどのようなときでも、そして誰にでも必ず、仕事をとめ、部下と正対して話を聞いていた。

この正対がふつうはなかなか難しいものだが、彼は徹底していた。そうなると、部下たちは、この人のためならと思い、いっそう仕事に勤しんでいた。

とにかく小さくてもいいから、一生懸命相手にGIVEしてGIVEしてGIVEして、いつか大きなTAKEが返ってくると思っている。

スポンサーとは金額が大きく異なるが、チケットの販売活動も同じ。何か困っていると誰かが言えば私なりにお助けさせていただくし、誰か紹介してほしいと言われれば、可能な範囲でおつなぎさせていただく。そのような小さなことを続けていて、ある日、自分がチケットを売らなくてはならないときに、その方が何も言わず助けてくれる。

B.LEAGUEの答えはGIVE&GIVE&TAKE

言葉は悪いかもしれないが、日本人は「小さな借り」をいつまでも気にしていてくれて、何とか返さなければという方が多い気がする。

若いスタッフにはわかりやすく面白く伝えるため、恋愛も一緒でしょ⁉ と伝えている。素敵な女性がいれば、食事に誘ったり、一生懸命考えたプレゼントをあげたり、GIVEして、GIVEして、GIVEして、最後の最後で彼女を射止める。

悪い表現でいえば、「借り」。良い表現でいえば「奉仕」。

「GIVE&GIVE&TAKE」。先義後利。相手に尽くして尽くして尽くしてこそ大きなものが得られると思っている。

葦原の気づき

営業の方針にしろ、GIVE&GIVE&TAKEの話にしろ、根底にあるのは、良い意味でのコンテンツホルダーとしての「自信」。少しずつ業界全体で、「バスケなんかどうせ」マインドが「バスケならできるはず」の空気になりつつあると感じています。

04

スポーツビジネスは権利ビジネスか

国内プロスポーツ初!
試合映像の制作著作を実施

権利は制限することで財産となり、
その管理を厳密にすることで
価値向上が図られる。
権利を自分たちが保有するからこそ、
二次利用も自由にでき、
伝えたいものを伝えやすい環境も
生まれるのだ。

ネットを別立てにし放映権を販売

２０１７年3月に行われたトップパートナー発表記者会見でソフトバンクはB.LEAGUEのパートナーとして「インターネット放送」放映権込みのスポンサー契約を結んだと発表した。

今の時代はプロ野球でさえも地上波でスポーツを放送することが減ってきている。そのため、インターネットTVをどう普及させるか、視聴してもらうかというのがスポーツ界にとってとても大切になってきている。そういうなかでソフトバンクグループのスポナビライブに支援していただけたことは大きかった。そして、B.LEAGUEが掲げる、スマホ1台ですべてできる世界、スマホファースト戦略にも合致している。

スポーツビジネスの基本は権利ビジネスである。そのひとつ、放映権は、テレビから売るとネット権利も一緒にされてしまう。そこで、私たちはファーストスクリーンはスマホと、ネット放映権を別立てにし販売をしていた。

今まで、欧米のスポーツビジネスと比較するといちばんの差は放映権だった。まだまだ差はあるが、それでもネットの放映権を中心に販売したことは日本において大きな第一歩になったと思っている。

インターネットの放送ライツはソフトバンクがもっているが、**年間約1000試合の映像の制作はリーグで行っている**。これは国内プロスポーツリーグのなかでB.LEAGUEが初めてである。

そして**権利**（著作）**もリーグで保有している**。自分たちで作り、権利をもつ。ここは非常に重要な部分と考えている。日本のスポーツ界は制作を外部に出していることが多いため、100％権利を保有できていないのだ。そのため、何か進めたくてもスピード感がなく、周りばかりが儲かってコンテンツホルダーにお金が入ってこないというドーナツ化現象が起きてしまっている。

また、自分たちが制作を管理することにより、権利を自分たちが保有しているので、二次利用も自由にでき、こちらが伝えたいものを伝えやすい環境も生まれる。こういうシーンをこういう角度で撮りたいとこだわりをもてば、それだけ面白い画が撮れる。ＮＢＡでもやっているが、ダンクシーンだけを集めて10秒の動画を作り、それをＳＮＳで発信する。そういったこともスピーディにできる。リアルタイムで観る時間が作れない人や、今までバスケットボールに

試合映像制作／著作管理方法の特徴を整理した

【制作】

イメージ	メディア制作　【従来型】	リーグ制作　【B.LEAGUE型】
	リーグ →（委託）メディア →（委託）制作会社	リーグ →（委託）制作会社　／　メディア
費用	×：高	○：安
カメラコントロール	×：困難	○：容易（スポンサーロゴ、空席抜き回避など）
告知コントロール	×：困難	○：容易（日程告知、イベント告知など）
オペレーション	○：負荷・小	×：負荷・大（専任スタッフ必要）

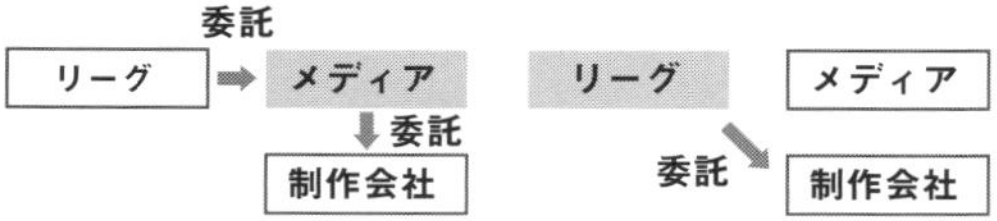

【著作】

	メディア著作	リーグ著作
露出	×：小	○：大（リーグの判断でコントロール可能）
オペレーション	○：負荷・小	×：負荷・大

試合映像の制作と著作はリーグで管理。
強固なプロパティ（知的所有権）管理体制を構築している

興味のなかった人も、そういう動画で入り口を作ってあげれば取り込みやすいと思っている。

これ以外にも権利を保有することには大きなメリットがある。

またプロパティ※は、商標管理もきわめて重要な要素を占めている。スポーツ業界に入って10年経つが、この業界は極めて商標管理に疎いと感じている。「商標管理ができている」というリーグやクラブに限って、よくよく調べると、押さえるべき商標区分を押さえていなかったりする。

こういうのは弁理士など専門家に頼めばいい、と丸投げするパターンも多いが、結局はコストとリスクヘッジのトレードオフなので、コンテンツホルダー側が強い意志をもっていないと、過剰に商標権利化していく流れになってしまう。偽物を市場に回らせたくないのか？　自分たちのロゴが他社の権利を侵害していないのか？　このあたりを整理してコンテンツホルダーは権利化を進めていくべきである。

B1クラブは、今後の世の中の潮流を鑑み、最低でもリーグの指定する10区分をクラブロゴで権利化していないと、B1クラブライセンスは認められていない。**この10区分は業界最多で、権利化こそが今後のスポーツ界の重要要素を**

※プロパティ

商業上有用になりうる情報や標識など、財産性のある知的財産のこと。

占めていると考えている。

映像製作や商標だけではなく、写真、マーケティングデータ、スタッツ※などのプロパティも同様にコンテンツホルダーである我々が保有することも決めていた。すべての権利をリーグが一元管理し、適切に展開していくことでビジネスチャンスがあるからである。

葦原の気づき

権利を放棄していれば、異なるスキームになり、短期的収益はもっと伸びていた可能性もありました。しかし、それば目先の判断であり、中長期的発展を考えれば、権利保有前提のスキームが正しいと今も考えています。

※スタッツ

スポーツで、出場試合数やシュートの成功率といった選手のプレー内容に関する統計数値のこと。

COLUMN 5

写真で振り返る！　B.LEAGUE の軌跡

1 年目・2 年目の結果 編

1 年目レポート（2016-17 シーズン）

年間チャンピオンを決める最終試合（川崎 vs. 栃木）では、今季最多となる 1 万 144 人が観戦に訪れました。結果、B1 リーグ、B2 リーグの総入場者数は 226 万 2409 人を数え、昨シーズンの総入場者数 157 万 5492 人と比較しても大幅に増えました。

2 年目レポート（2017-18 シーズン）

ますますパワーアップする B.LEAGUE。スマホファースト戦略を起点とし、1 年目は約 40%、2 年目は 11.8% と来場者数が増加し年間 250 万人に。SNS のフォロアー数も前年比 1053% アップの 460 万人になりました。

第6章

すべてをかけた歴史的開幕戦の裏側

【コンテンツ 論】

ゼロから新しいプロリーグを立ち上げ、
準備を進めてきたB.LEAGUE。そのお披露目となる
歴史的な開幕戦の演出テーマは、
「革新的」「サプライズ」「エキサイティング」。
バスケ界初のゴールデンタイムでの地上波放送に、
世界初となる公式戦での全面LEDコートに
国内最大級の大型ビジョン…
B.LEAGUEの理念のひとつである「夢のアリーナ」
の実現に向けて、10年、20年先を見据えた
新しい観戦スタイルを提示したい、
そんな想いで事務局一丸となって準備を進めてきた。

01

合言葉は「BREAK THE BORDER」

国内プロスポーツ初物尽くしの
さまざまな取り組みで世間を驚かせる

既存の延長線上で物事を考えていたら、
物事すべてが縮小均衡になってしまう。
スタッフ、パートナー、各チームや
選手に言い続けた言葉がある。
「BREAK THE BORDER　～前例を笑え！
常識を壊せ！限界を超えろ！」だ。

国内プロスポーツ初の、さまざまな取り組み

Jリーグと違うのは、圧倒的な認知度の低さであることはすでに述べた。Jリーグが立ち上がった当時は、カズがいて、ラモスがいて、武田がいて、有名な選手がたくさんいた。

チームや選手が認知されていないなかでどうマーケティングしていくか、これを大きな課題として取り組んできた。戦略・戦術も大事だが、**意外と大事なのが、「マインド」**だと私は思っている。

事務局で働くスタッフはもちろん、パートナーを含め、各チームや選手に言い続けた言葉がある。それは「BREAK THE BORDER ～前例を笑え！常識を壊せ！限界を超えろ！」だ。川淵さんの「バスケで奇跡を起こそう」のメッセージをベースにBasket BallのBに紐付けて、スローガンとした。

奇跡を起こすには既存の延長線上で物事を考えていたら、すべてが縮小均衡になってしまうので、とにかく前例・常識を破壊していこうということを合言葉にし、今、ここに至っている。

B.LEAGUEは国内プロスポーツ初の試みを数多く行っている。前述した権益の統合やリーグ統合DBもしかり、ネット放映権の販売もそう、試合映像の制作著作もそうである。

さらに公式試合の記録作成に関しても、従来のように各試合会場でデータを入力するのではなく、リアルタイムに配信される映像を観ながらセントラルオフィス※で入力を行う方式にした。そのほうが効率的でスピーディに、高い品質を維持することができるからだ。

また、プロモーション面でも、SNS活用のほかにも、絶対的なマスメディアでの露出量を上げるため、リーグが全試合にカメラマンを派遣し、その撮影したデータをメディア配布するといった試みも国内プロスポーツ初となる。これにより記者は各地に行かずともオフィスで映像を観ながら記事が書けるようになる。

「破天荒な！」「異例！」は最高の誉め言葉

開幕前に行われた各チームの主力選手を集めた記者向け決起会では、選手が

※セントラルオフィス

B.LEAGUE の場合、公式記録の作成においてスピーディで高い品質を維持するため、各試合会場で行うのではなく、専用の拠点を作り、そのオフィスで集中的にデータ入力を行う方式を国内プロスポーツで初めて採用した。

ステージで服を脱いでいく「生着替え」を演出するファッションショーを実施した。従来にない企画だったため、各方面に賛否両論を巻き起こし、その反応に担当者は相当落ち込んでいたが、翌日のメディアに掲載された記事のタイトルは「破天荒な！」「異例！」という言葉がタイトルに。「BREAK THE BORDER」をスローガンに掲げる我々にとっての最高の誉め言葉で、それはそれでよかったと思っている。

リーグを体現するアンセム※もそうである。PKCZ®に制作をお願いし、タイトルにもスローガンを入れた。話がそれたが、２０１６年9月22日、23日に国立代々木競技場第一体育館で行われた開幕戦も、「BREAK THE BORDER」という位置づけで行った。

葦原の気づき

ブランディングは初動が重要。B.LEAGUEのブランドキーワードは「クール」と「革新性」。定期的に実施しているサーベイ結果では、最初その2つのキーワードポイントが高く、今なおポイント数は維持、そして上昇しています。

※アンセム

特定の団体を代表する曲のこと。

02

突き抜けた演出にすべてをかける

世界初となる公式戦での全面LEDコートが採用されるまで

プロリーグとして存在感のある
パフォーマンスをするには？
そこで広告予算を広告出稿ではなく、
過去に前例のない、
世界初の試みである全面ＬＥＤコートに
全投下。失敗したら、
自分のクビが飛ぶ覚悟で決断した。

20分で完売した開幕戦のチケット

２０１６年9月22日（木・祝）国立代々木競技場第一体育館で行われたB.LEAGUE開幕戦。これまで2つのリーグで熱戦を繰り広げてきたクラブがB.LEAGUEという新リーグに集結し、日本で唯一の男子プロバスケットボールリーグが誕生する……バスケ界にとって歴史的な一日となった。

記念すべき開幕試合で激突するのは、ＮＢＬ最高勝率の記録をもつアルバルク東京と、ｂｊリーグ最多４度優勝の琉球ゴールデンキングスという両リーグで最強を誇ったチーム。

用意した約1万枚のチケットは前売りで高額席から順に売れ、一般販売初日20分で即完売。またバスケ界初となる地上波放送…フジテレビでのゴールデンタイムでの生中継もあった。

ジョン・カビラとカトパンこと加藤綾子アナがＭＣに。そして開幕戦中継スペシャルブースターにはバスケ経験者の中村雅俊さん、広瀬アリス・すず姉妹が就任し開幕戦を盛り上げてくださった。ＮＨＫ ＢＳを含めると2局同時生中継である。インターネットでは、ソフトバンクが運営する、スポナビライブ、さらにはLINE LIVEでも放送され、アリーナ、テレビ、ネット…多くのチャンネルでたくさんの方に歴史的な一戦をご覧いただくことができた。

新しいバスケット観戦スタイルを

　これまで日本のプロスポーツリーグビジネスを牽引してきた野球、サッカーとバスケの大きな違いは、舞台がアリーナであるという点である。雨風を気にしなくていい、密閉された空間のなか、観客席の至近距離で繰り広げられる迫力あるプレーをお楽しみいただける特徴がある。

　私たちは、開幕戦の演出テーマを「革新的」「サプライズ」「エキサイティング」とし、アリーナに来場された方、テレビ・インターネットでの中継を通じてご観戦されるすべての方に、**アリーナスポーツの魅力をあますことなく体感していただこう。**B.LEAGUEの理念の1つである「夢のアリーナ」実現に向けて、10年、20年先を見据えた新しいバスケット観戦スタイルを提示したい。そのような想いで事務局一丸となって準備を進めてきた。

　目玉は、公式戦で世界初の採用となる「全面LEDコート」だ。LEDビジョン※で表現されたCGバスケットコート上で、選手の動きに合わせた演出を

※ LEDビジョン
LED（発光ダイオード）を用いた屋外や屋内で活用する大型フルカラーディスプレイのこと。

行うというものだ。

E-girlsの藤井萩花と藤井夏恋の姉妹ユニットによる「ShuuKaRen」、光のパフォーマー集団「SAMURIZE from EXILE TRIBE」といった、豪華なアーティストが登場して繰り広げられるパフォーマンス。そしてスポーツイベントでは日本ではじめて導入したLEDライトを活用したリストバンド型ライト（フリフラ）を観客全員に配布した。観客も光の演出に参加するといった、新時代の到来を感じさせる「アリーナスポーツならでは」の演出を詰め込んだ。

試合の約120分間ずっとボルテージを上げるのはなく、メリハリをつけ、ここぞという時の〝一瞬のインパクト〟をどう残すか、どうお客様の心に刻むか、その要素を重要視した。その一瞬があるからこそ、お客様はそれを写真に収めてSNSで拡散してくださると思っている。

そのため、度肝を抜かれるような「すごい！」と思わせる瞬間をどれだけ演出できるかが鍵だと思っていた。私たちは**「開幕戦」という伝説を作りたかったのだ。**

開幕戦の内容については2015年の秋から、「核にするもの」「対戦相手」

「放送の有無」……この3つについて事務局で打ち合わせを重ねてきた。

ある日、ナイキが上海でのイベントで実施した全面ＬＥＤのバスケットコートの映像をマーケティング部長の安田が見せてくれた。そこにはセンサーで捉えたコート上の選手の動きをリアルタイムでＬＥＤの演出に反映しているのが特徴で、聞くと公式戦では世界中、どこもやっていないとのこと。

一目見て「これをやりたい！」、そう思った。早速に見積もりをとったところ、数億円という数字が！　見積もり相手を変え、条件を変え、交渉に交渉を重ねた結果、段々と手の届く範囲に収まってきたので採用することにした。ＬＥＤコートは、あらゆるものを床のコートに映し出せるので、試合や演出と連動し今までにない、非日常のエンターテインメント空間が提供できると考えたからである。

思わぬ事務局スタッフの反対

金額のほか、クリアしなければならないことがあった。競技運営責任者であった増田の反対だった。増田はバスケ界に長くかかわっていたが、全体観をもって考えることができ、バランス感覚をもつスタッフだったので信頼してい

全面 LED コートは次世代のアリーナ空間提言を込めて実施

いつの日にか、この非日常空間が日常になることであろう

た。反対の理由を聞くと、「全面ＬＥＤコートは通常のコートと異なり、ボールの跳ね方が変わる可能性がある。そうであれば選手たちは大変困る」と言われたのである。そして「そこまで全面ＬＥＤコートにする価値があるんですか？　プロジェクションマッピングではダメですか？」とも。

プロジェクションマッピングは多くのスポーツ団体がすでに使っているので避けたかった。私の当初のストーリーでは、全面ＬＥＤコートだけでなく、マイケル・ジョーダン（ＭＪ）[※]がサプライズ登場する、そういった演出で、Ｊリーグ開幕の10倍のインパクトを作ろうと考えていた。しかし、ＭＪはスケジュール面、条件面で折り合わず、核となるものが全面ＬＥＤコートだけになった。

核がそれだけで本当に大丈夫だろうか、と不安があった。そこで、誰が何を言おうと全面ＬＥＤコートは絶対にやりたい、その想いで社内調整に走ったのだ。

8月に埼玉の秩父にある巨大倉庫の中で1回目のテストを行った。隣の敷地では牛を飼っており、独特な匂いのするなか、秘密裏のテストを実施。仮設コートを作りＬＥＤを敷き詰め、開幕戦で戦うアルバルク東京と琉球ゴールデンキングスの選手にプレーしてもらった。やはり、増田からの指摘があったように、選手からも「ボールの跳ね方がいつもと違う」と言われた。さらに全面

※マイケル・ジョーダン（MJ）

アメリカの元プロバスケットボール選手。その実績からバスケットボールの神様とも評されている。

ＬＥＤの熱でコート上が熱いとの指摘があった。この課題は、その後、素材や方式を改良し、何度かテストを繰り返し、なんとか実現に漕ぎつけることができた。

あとは開幕戦当日、トラブルが起きないことを祈るだけ。停電や、故障でＬＥＤコートが消えたら一巻の終わり。実は初日の試合開始直後に最初にコート左側の隅がちかちかしていて、このまま何事もなく終わってくれ…と祈るような気持ちで、私は会場にいた。コート上で熱い戦いを繰り広げている選手ではなく、全面ＬＥＤだけを最後まで見続けていたのである。

一般的に１試合の演出にかける予算は、**プロ野球の場合、入場者数×１００円程度**。今回、２日間で2万人なら２００万円が相場になる。全面ＬＥＤコートの場合、交渉を重ね、手の届く範囲になったものの数千万円規模である。このお金をどう捻出しようかと考えあぐねていた。本来なら、B.LEAGUEにとっての歴史的な開幕戦なのでＳＮＳ広告や、中吊りなどあらゆる広告ＰＲをしたかったのだ。

だが、お金は限られているので広く薄くではなく、**ここに一点集中**することに決め、予算を投下することにした。**全面ＬＥＤコートにするのは広告宣伝**、という位置づけである。そのほうがバズるだろうと思った。半面、うまくいかなかったら、自分のクビが飛ぶなと思うくらい相当なリスクも背負って決断した。

結果的に予想以上の反響もあり、後ほどご紹介させていただくが、ＳＮＳ上でもかなり拡散された。B.LEAGUEという名を世の中に広める、という意味においては、思い切って全面ＬＥＤコートに投資したことは良かったと思っている。

エリート集団vs雑草集団

次に対戦相手である。旧リーグ同士を対戦させることは事務局内で一致していたが、クラブをどこにするのか、その点だけいろいろな意見があった。唯一、日本でＮＢＡのコートに立った男である、栃木ブレックスの田臥選手を出すべきという声もあった。彼なら知名度も高い。悩みに悩んだが、旧リーグの各トップチームからということになった。ｂｊリーグ最多優勝回数を誇る琉球ゴールデンキングスとＮＢＬ最高勝率の記録をもつアルバルク東京にした。

こうして、日本代表や米プロリーグＮＢＡ経験者を擁するエリート集団、ア

※ M3・F3

主にマスコミやマーケティングなどの分野で使われる言葉で、性別や年齢層を表すときに使われる。M3 とは 50 歳以上の男性、F3 とは 50 歳以上の女性のことを指す。

※マルチチャンネル

開幕戦というコンテンツをテレビ、ネット…など、複数のチャンネルで放送すること。

ルバルク東京に、専用の練習場はなく、沖縄県内の体育館を転々とし練習をしている叩き上げという言葉がどこよりも似合う雑草集団、琉球ゴールデンキングスが戦いを挑むという構図が出来上がったのである。

バスケ界初の地上波ゴールデンタイムでの放送が実現

最後に放送に関して、である。M3・F3層※の方々がテレビを観て、若い人がネットで観ると思っていたのでマルチチャンネル※でいけたら、と考えた。我々のファーストスクリーンはスマホなので、スポーツに特化したインターネット放送のスポナビライブは必ず入る。NHK BSも早々に開幕戦の中継が決まった。

そしてフジテレビは、CS、BSも含めて、ウインターカップやインカレ、bjリーグ、女子がリオ五輪出場を決めたアジア選手権、FIBA世界選手権、男子のオリンピック最終予選など、バスケに対してご理解があり放送し続けてくださった実績がある。初期の段階からアプローチを始めていたが、野球、サッカーですらゴールデン帯での放送はなかなか難しい時代。しかも、9月22日は木曜・祝日で、木曜の夜といえば、通常、「VS嵐」に「奇跡体験！アンビリバボー」といった視聴率が稼げる2つの番組がある日である。
B.LEAGUEという未知の世界にかけてくださるまでにはかなりの長い時間がかかった。認知の最大化にはマスメディアのパワーはお借りしたい、なんとしても地上波で放送したいと何度も交渉に交渉を重ねていた。
最終的に、決定したのは、2016年2月。開幕まであと半年に迫り、バスケ界初の地上波ゴールデンタイムでの放送が実現した。

国際大会ではよくあることだが、日本のスポーツ界で中継局が3つも入ることは珍しいことだと思う。総カメラ台数は37台だった。並列してそれぞれ画を撮ることになり、上段から俯瞰で撮るにもそこに中継局ごとにカメラが3台並ぶ。その場所取りはどうするか、代表質問をするインタビュアーはどうするか、その後の各局との調整、決め事がたくさんあって大変だったが、それはそれでうれしい悲鳴である。

スポーツ界初となる仕掛けも続々

またトップパートナーのソフトバンクと連携をし、今までのアナログなスポーツ界にはなかったことにも次々にトライした。席に座ったまま、設置されたタブレットに空コップをかざすとドリンクが運ばれてくるというサービスやパンフレットや会場内に設置された選手画像にスマホをかざすと、選手のプロフィールが出てくるというサービスも実施した。

これは開幕半年前、２０１６年３月10日に行われたトップパートナー発表記者会見時に、登壇ゲストからソフトバンクグループ孫代表へ提案された要望を実現したものになる。

これらの幾多の仕掛けは、スポーツ界、バスケ界初のことも多く、実行するにあたっては、スムーズに行くことはなく日々トラブルだらけだった。仕掛け以外でも来場者全員に配布するTシャツも発注ミスがあり、ギリギリのタイミングで作り直しをし、間に合うかやきもきしたことも思い出される。極めつきはコート中央で開幕宣言をする大河チェアマンが持病の腰痛を悪化させ、歩くのも困難な状態になったりと、今思い返せばいろいろなことが起きていた。

開幕日当日朝、川淵さんからの１本の電話

そんなこんなで私は開幕戦の１カ月前から食欲が落ちていき、気がつけば１カ月で５㎏も体重が減っていた。当時は何とも思っていなかったが、今思うと

プレッシャーだったのかもしれない。

大小さまざまな多くの壁にぶつかりながらも事務局一丸となって1つひとつ乗り越え、迎えた開幕日当日。川淵さんの著書『Jの履歴書』では、1993年Jリーグ開幕戦の朝は特別な想いがあった、と書かれていたので、特別な気持ち、想いで迎えるんだろうなと思っていたが、意外にも穏やかな心境で朝を迎えた自分がいた。

朝の7時30分に、なんと川淵さんから電話がかかってきた。何かあったか！とドキドキしながら電話を取ると、

「おはよう。今日の大河の開幕スピーチはどんな感じか？」

と意外な質問。川淵さんがまさかそこに介入するわけもないし、不思議な質問だった。内容をお伝えすると、川淵さんは、

「そうかそうか、そんな感じか。よっしゃ、わかった。俺が試合後、話すだろ。その内容と大河の部分が重なるとまずいな、と思って。大河に直接聞くと、気にしちゃうから葦原に確認した。いいか、この電話のことは本人には伝えないでくれ。今日は頑張ってくれ」

と。最後の最後まで至る所に気を遣うリーダー。

最後の「頑張ってくれ」は、当然私に、でなく、リーグスタッフ全員にもかけている言葉だったので、開幕当日の朝の全体会議の終わりに私はこう言った。

「さあ、今日1日歴史的な瞬間を楽しみましょう。川淵さんからも朝電話ありました。みんな頑張ってくれ、と。今日も1日お願いします！」

穏やかな朝を迎えたものの、それは朝だけで、実は開場の直前まで、いろんなことが起きていた。とくに全面ＬＥＤコートはギリギリまで技術スタッフが電流が飛ばないようにと確認していて、不穏な空気が流れていた。

コートの下に電気を流すなんてこと、今までやったことなどない。もし、全面ＬＥＤコートが映らなくなったら、自分のクビも飛ぶなと思うくらい、相当なリスクも背負いながら決断した。そのこともあり、「何でもいいから、今日はうまくまとまってくれ！」と願っていた。あとは神頼みである。

葦原の気づき

開幕戦は世の中にB.LEAGUEを認知してもらうと同時に、今思えば社内の一体感を醸成してくれたイベントでもありました。今一度あの空気感を作るため、新たな置き石を作らなくてはと強く思っています。

03

webとリアル両方で火をつけることに成功

開幕戦効果。予想以上のスピードでチケット完売続出

試合終了後、Yahoo!のトレンド検索ランキングで見ると、20ワード中19ワードがバスケ関連で独占され、爆発的にチケットが売れた。テレビを観ながらスマホで検索しながら、チケットを買う。そういう流れが起きていた。

開幕戦は90点!

NBLとbjリーグが統一されて迎えた歴史的一戦は終盤にもつれる大接戦になった。1万人近い観客の歓声のなか、アルバルク東京が80対75で琉球ゴールデンキングスに競り勝った。私たちが掲げる「夢のアリーナ」の未来図を示すような演出と、両チームの激闘でバスケット新時代はようやく幕が開いたのだ。

開幕戦後に感じたのは、世の中がB.LEAGUEという存在を初めてわかってくださったのではないかということである。スポーツニュースや翌日の一般紙、スポーツ紙での大々的な掲載……それだけ開幕戦のインパクトは大きかったのだと思う。フジテレビの視聴率に、スポナビライブ、約300万人が視聴したLINE LIVEでの中継効果もあり、各デバイス視聴者を合計すると8~10%相当の視聴率効果があった。

さらにテレビにおける世代別視聴をみると、50代以上が中心の視聴者層である野球、サッカーに比べ、テレビ離れといわれている若い世代を惹きつけ、12歳以下の男女、M1層(20~34歳の男性)を中心に視聴率が非常に高い傾向が見られた。ネット視聴だけでなく、テレビにおいてもバスケットボールが子どもから若者世代を魅了するコンテンツであったことが推察され、**結果的には、スマホもテレビも若者が観ていた**という状況である。

もっと驚いたのが、試合終了後、夜9時のリアルタイム検索を見たら、Yahoo!のトレンド検索ランキングで、20ワード中19ワードがバスケで独占されていたことだ。チーム名や選手名を、テレビを観ながらスマホで調べているのだ。その結果、B.LEAGUE公式サイトは従来の10倍の４００万ＰＶを記録し、夜9時から夜12時までのチケットが、今まで売ったチケットの倍以上売れたのである。

中継から、そのままB.LEAGUEチケットのサイトに流れ込んだお客様が買われていたのだった。世界初となる公式戦の全面ＬＥＤコートをフックにテレビで放送し、テレビを観ながらスマホをいじって、スマホをいじりながら検索して、チケットを買う。そこまで深く計算したわけではないが、そういう流れが起きたのだ。

ネットとテレビの同時中継は融合する

一般的にスポーツの世界ではネットとテレビの同時中継は敬遠される。その理由は単純で片方が放送されれば、もう片方の視聴率が落ち、パイを食い合うと考えらえているからだ。

はたして本当にそうなのだろうか？　たとえば高校野球、夏の甲子園。スタープレーヤーが次々に出てきているからかもしれないが、テレビの視聴率も、ネットの視聴者数も右肩上がりである。今、日本人の平均睡眠時間が7時間、睡眠時間以外の在宅時間が8時間、外での活動が9時間と言われている。家にいればテレビもしくはスマホであろうが、外に出ればスマホで視聴せざるを得ない。場所によってツールを使い分けている可能性もあるし、テレビとスマホは「対立」でなく。十分補完関係にあるととらえている。

そしてもう1つ。開幕戦においてポイントだったのは、チケット購買までのフロー。これをカスタマージャーニーとよぶのかわからないが、まず「リアル」の世界で全面ＬＥＤコート施策を広告宣伝の位置づけで実施。すると、テレビまたはスマホで観ている視聴者が「ネット」で検索もしくはＳＮＳ投稿。そして、その直後に「ネット」のチケットサイトで爆発的に売れ、その週末の試合は「リアル」な場にたくさんの来場者がいらっしゃる。**「リアル」→「ネット」→「リアル」の流れでマーケティングプロセスが組み込まれている。**

デジタルマーケティングというと、どうしても、デジタル担当者がネットだけの施策でネットの将来を追いがちだが、**マーケティングの本質は、ネットとリアルのハイブリッドにある**と思っている。

奇跡を呼んだグッドサイクル

すべてが終わった今、改めて思うのは、一歩間違えると中継もついていなかったかもしれないし、全面LEDコートの演出もできなかったかもしれない。そう考えるとこの短時間でやり遂げられたのは、パートナー、メディア、クラブ、選手等、ステークホルダーの皆様の協力、事務局メンバーの底力と、そしてバスケ界への追い風、これに尽きると思っている。

反省点は多々あるものの、「もう1回やれ」と言われても、やれる自信がない。そのくらい出し切った感がある。それもあり、試合後のメディア会見で、川淵さんの試合終了後の会見で「開幕戦は90点！」と聞いたとき、「100点ではないんだ」と、ちょっぴり悔しかったことを思い出す。

※ブザービーター

バスケットボール用語の１つで、ピリオドや試合の終了直前に放たれ、ボールが空中にある間に残り時間が０となり、ゴールに入るショットのことを指す。

感傷にじっくりひたる時間もなく、翌日からは各地で各クラブの開幕戦が行われる。終わったのもつかの間、その準備にリーグ事務局スタッフの意識は向いていた。翌朝には、開幕戦スペシャルブースターだった、広瀬すずちゃんのうれしいツイート。このツイートから始まった各チームの開幕戦は、各地満員御礼！　ファンの声に後押しされるように、熱戦が繰り広げられた。

全国の開幕節は想定外の試合結果が多かった。三遠vs川崎は終了間際にブザービーター※か⁉　と思われたシュートもあったが、ビデオ判定でノーゴールにて終了。今季から導入したばかりのビデオ判定を初日から使うことになったりと、手に汗握るエキサイティングな報告が続々と届く。B.LEAGUE開幕の喜びと選手たちの想いを涙ながらにコメントする橋本竜馬選手（当時シーホース三河、現在は琉球ゴールデンキングス所属）のインタビュー動画も話題になった。開幕戦の熱い余韻が各クラブに波及しているようだった。

葦原の気づき

開幕をきっかけに、SNSを強力に推進して、2シーズンを終えた。SNSファン数はB1クラブ平均8・3万人、B2クラブ平均平均2・4万人に。リーグSNSを含めると合計約800万のファン数がいます。この2年でも大きくSNSの影響力が高まってきていることを実感しています。

COLUMN 6

写真で振り返る！　B.LEAGUE の軌跡

B.LEAGUE Hope 編

スポーツのもつ力。B.LEAGUE の最終目標

スポーツリーグとして初となる、社会課題に対してスポーツのもつ力でアクションするプロジェクト「B.LEAGUE Hope」。その課題解決に向けて、リーグ、クラブみんなで真正面からぶつかれば、社会を変えられるかもしれないと思っています。

スポーツで「嬉しい」「楽しい」価値観を与えるのではなく、「すごい・ありがとう」と捉えられるツールにしていくこと。それを最終目標としていきたい、そう考えています。

第7章

B.LEAGUEの現在地、そして課題

【ビジョン 論】

B.LEAGUEは立ち上がってまだ2年ちょっと。
赤ちゃんレベルである。
何かを達成できたかといえば、最初の一歩を踏み出しただけ。
いよいよここからが本当のスタートである。
事業規模より志を大事にし、
正念場の3年目に向け、「走りながら考えて」いくことで
日本のスポーツ界を大きく変えていきたい。

01

事業規模より大事なものを忘れない

——正念場の2年目に向けて

B.LEAGUEは、
まだ2年目のベンチャー企業である。
スポーツ界が産業として
もっともっと華やかになり、
そこに働いている人たちが
活躍できるような世界にしたい。

結果を出し続けるためのマインドセット

この2年間を振り返ると旧リーグに比べて多くのお客様にアリーナまで足を運んでいただいた。

旧リーグにおける年間入場者数に比べ、2年目にして50％増の250万人を達成することができた。あれだけ盛り上がっているプロ野球でもプラス0・4％（2017年）、カープ女子など、Jリーグでは微減（2017年）状態である。スポーツ市場において、この入場者数増は異常ともいえる結果である。

Jリーグも立ち上げ当初は1試合平均入場者数は約1万8000人であったが、2年目には約2万人に増えたものの、3年目以降は1万7000人↓1万人と激減していった。

3年目こそ真価が問われているかもしれない。私たちは「2020年に入場者数300万人」を目指しているので、その足がかりとして250万人はまずまずの結果かなと思っている。しかしこの2年間はご祝儀みたいなものだろうから、ここからがまさに正念場だと考えている。

スポーツ界が産業としてもっともっと華やかになり、そこで働いている人たちがきちんと活躍できるような世界にしたい、そう願っている。とくにB.LEAGUEは、長い間、2つのリーグに分かれていたものがようやく1つのプロリーグとして生まれ変わったばかりのベンチャー企業である。また、何かモノを作るという業態ではない。

そして我々B.LEAGUEは今後何をやっていくべきか? それについては3つ思っている。

> ① 夢のアリーナ構想の推進
> ② 若手人材育成（とくにフロント人材）
> ③ 社会課題に対する取り組み

まずは、①夢のアリーナ構想の推進。「夢のアリーナ」と言い続けているだけでは何もはじまらない。3年経ち、そろそろ具体的に動き出さないといけないと思っている。

スポーツビジネスにおいて、ソフト（リーグやクラブ）とハード（アリーナ）の融合こそ大きな変革ドライバーであることが世界のスポーツビジネスの潮流からも明らかである。

そして、②若手人材育成。当たり前であるが、つまるところ、やはり人材がすべてである。若い顧客層、新しい業界ゆえ、若くて優秀な人材が集まる仕掛けがこれから必要だと考えている。

最後に、③社会課題に対する取り組み。あとで詳細を説明させていただくが、競技力の向上や市場規模拡大への取り組みは重要であるが、それが究極の目的か？　という命題にぶつかる。その答えの1つとして社会課題に対する取り組みがあると捉えている。

B.LEAGUEは立ち上がって2年ちょっと、まだ赤ちゃんレベルにある。世界的なスポーツビジネスをしっかり捉え、大きな市場を作っていくと同時に、志を大事にしていかなければならないと考えている。

葦原の気づき

今、まさに勝負のときと感じています。2009年に開業した広島東洋カープの本拠地であるマツダスタジアムも最初は入場者数が増加しましたが、2、3年目以降は低空飛行の時代を過ごしました。本質論に基づき、改めて今後の中長期戦略をじっくり検討したいと考えています。

02

夢のアリーナ

B.LEAGUEの理念のひとつである
「夢のアリーナの実現」に向けて

試合を楽しむだけではなく、
地域に根差し、スポーツを通して
人生を楽しむことができるような環境を
提供することで
B.LEAGUEを盛り上げたい。
アメリカでは球団と球場の一体経営が
当たり前。
今のバスケ界では1クラブだけ。
クラブが自由に使えるアリーナを
確保することが急務だ。

※重回帰分析

ある結果（目的変数）を説明する際に、関連する複数の要因（説明変数）のうち、どの変数がどの程度、結果を左右しているのかを数値化し両者の関係を表す統計手法。

スポーツビジネスでは、たとえば、目的変数に「入場者数」を、説明変数に「対戦相手」「平日／休日」「天気」「月」など多数の項目を設定し、関係性を分析する。

夢のアリーナ構想が生まれてきた背景

昨今、報道になっている北海道日本ハムファイターズの新球場構想。なぜ、すでに人気のあるファイターズがそこまで新球場にこだわるのか？

それはシンプルに表現すると、ファイターズが球場を自由に使えないからである。

アメリカではソフト（球団）とハード（球場）の一体経営が当たり前になっている。一方、日本のプロ野球は、この10年で、指定管理や管理許可、もしくは関連会社によるスタジアム保有で、球団球場の一体経営が進み経営規模、そして経営スピードが上がった。しかし、読売ジャイアンツやヤクルトスワローズなど一部の球団ではいまだソフトとハードが分離している。


一体経営ではなく、球団が球場を自由に使えないと何が問題になるのか？

まずは単純なことであるが、**試合日程が組みづらく、スポーツ興行に最適なスケジュールを立てづらい**。

以前、入場者数とあらゆる要因との関係を分析するため、重回帰分析※をしたことがあるが、土日と平日の入場者数の差異もさることながら、月による違いや試合間隔の空きによる入場者数の変化なども確認された。そういった複雑なパラメータをシミュレーションすると最適な日程がはじき出されるが、自前で球場をもっていないと、なかなか自由に落とし込めない。

また、球場と球団が一体経営していないと**施設の改修もなかなか進まない**。たとえば、席の改修。広島東洋カープの本拠地であるマツダスタジアムの「寝ソベリア」（寝ながら観られるシート）に代表されるように今は多種多様な席が開発されている。しかし、球場を保有していない球団はこれが意外と難しい。球場側に改修を申し込んでも、コンサートや他アマチュア興行の際、使いづらくなるので、なかなか首を縦にふらない。

収益の観点でみても、一般的に看板、VIPルーム、飲食などはスタジアムサイドの収益になるので、**球団と球場が一体となってまとまって営業活動ができたりする**が、別々だと非効率な動きになる。さらには、球団側のスポンサーと球場側のスポンサーが同業界でライバル企業などになったら面倒なことも発生する。

いずれにせよ、日本のプロ野球の多くの球団は、ハードとソフトの一体経営で大きく事業を伸ばしてきた。

今のバスケ界の状況

クラブがアリーナを自由に使えるのは、B1の大阪エヴェッサのみ。大阪は賃貸借契約を結んでいるため、「おおきに舞洲アリーナ」を自由に使える。

今後、指定管理者か自前保有か……さまざまなオプションがあるが、いずれにせよクラブが自由に使えるアリーナを確保することが急務になっている。そうなるように、リーグは、クラブサポートを徹底してやっていく必要がある。

今の日本は、国体が開催されるとその地域に、いわゆる「体育館」が建てられていく。土足厳禁であったり、控え室やVIPルームは限定的で、コートとスタンドから決して観やすいと言えないものが建てられていく。いわば「競技者目線」の建物であり、〝ザ・体育館〟である。

これから日本に必要になってくるのは、「アリーナ」である。控え室やVIPルームも充実、コート上も観やすいスタンドになっており、コンコースも外周一周くるりと回れる、いわば「観戦者目線」のアリーナが必要になってくるであろう。

B.LEAGUEのなかでも有数の人気を誇る、沖縄の琉球ゴールデンキングス。そのホームタウンの沖縄県沖縄市で1万人規模を収容する米国型の多目的アリーナの建設計画が進んでいる。2020年度内の竣工を目指しているが、従来型の「体育館」でなく、アリーナ型だ。この日本についに実質的な「アリーナ」が出来上がる。

全国各地に少なくとも5000〜1万人規模の「体育館」でなく「アリーナ」が出来上がり、そのアリーナはクラブがしっかりコントロールできている世界。

これこそが理想であり、これこそが今のアメリカに近い姿である。日本はまだまだ10周遅れの状態である。悲しいことではあるが。

先の沖縄市のアリーナは行政主導であるが、人口の多いエリアはもっと民間の力でアリーナを推進できないかと最近考えている。というのも、アリーナはスタジアムと異なり、建設コストが低く、かつ稼働率が高いという特徴がある。国内のドーム球場の建設費は約400億〜700億円。2009年にできたヤンキースタジアムは1500億円相当と言われている。

一方、アリーナ。1万人規模のアリーナであれば、諸条件にもよるが150億円ぐらいで建設可能と言われている。

屋外のスタジアムは天候リスクや演出の幅の制限、キャパの大きさを考えるとコンサートなどの需要は少なく、とくに天然芝のサッカースタジアムは稼働に苦しんでいる。アリーナの場合は、大小さまざまなコンサートや集会で高い稼働率を維持できる。たとえば、収容人数1万人強のコンサートアリーナである横浜アリーナの稼働率は90%を超えている。

つまり、アリーナは、スタジアムと比べ、イニシャルコストを抑えられ、安定的な収益化を図れる可能性があるので、ビジネスとして十分回るのではないのかと捉えている。

今、アリーナのリスクテイカーが現れ、成功モデルを一つ作り出したら、一気に世界が変わるであろう。

葦原の気づき

とにかく昨今のスポーツ界で思うことは、既成概念のなかで運営している気がします。日本のスポーツビジネスにおける新しいスタンダードは何か？　それを突き詰めて議論する必要があると思っています。

03 誰にも負けない スキルセットを身につけよう

スポーツ界を目指す
若い方々へのメッセージ

アメリカではスポーツの仕事が
ドリームジョブと呼ばれている。
日本でも、求人は少ないが、
多くの人が就職を希望している。
なんらかのスキルをもって入ったほうが
確実に成功する。
後悔しないキャリアを形成するためにも。

憧れのスポーツ業界!?

最近、学生さんからこういう質問がくる。

「どうしたらスポーツ界で働けますか?」

アメリカではスポーツ界のことを「ドリームジョブ」と言う。需給バランスが崩れていて、求人はほとんどないのだが、スポーツ界に就職することを希望する人は星の数ほどいる。

MBAホルダーでもなかなか入れない。MBAホルダーが、アメリカの球団に入ろうと全球団にレターを送っても、会ってくれるところすら、ほとんどないといわれている。

それぐらい「奇跡」的にしか入れない世界が、アメリカのスポーツ界である。

実は、この「ドリームジョブ」という言葉、私は嫌いで、めったに使わないことにしている。

日本でも需給バランスが崩れていて、スポーツ求人は少ないのだが、たくさんの人が就職を希望している。売上10兆円を超える企業は日本でもいくつかあるが、日本におけるプロ野球各球団の平均売上は150億円前後。球界全体でも2000億円弱。プロ野球全体で大企業1社の50分の1程度である。事業規模と採用人数は基本的にはリニア（相関）だが、明らかにその大企業に行きたい人よりもスポーツ界に興味ある人のほうが多い。

スポーツ（企業）側にも問題があり、それだけ需要と供給のバランスが崩れていると足元をみて、「給与安くても働いてくれるならいいよ」という姿勢に当然なってくる。

つまり、ドリームジョブという名の不思議なマジックで若者を洗脳して、安い給料で働くのが、当然かのようになっている。業界規模がまだまだなので、賃金を抑えるのは経営者としては当然なのだが、その「ドリームジョブ」という不思議な言葉ですべてをごまかしているようにしか思えない気がするのだ。

スポーツ業界への入り方

それだけ、狭き門のスポーツ界。

いったいどうやったら入れるのだろうか？

入り方は大きく、４つあると思っている。

① アメリカのスポーツビジネススクールに留学&マイナーリーグなどでインターンシップをする

② 球団の親会社に就職する

③ 球団、もしくは球場でアルバイトをする

④ 誰にも負けないスキルセットを身につける

私自身も最初は①を目指し、アメリカのマサチューセッツにある大学院でスポーツビジネスの勉強をしようとしたが、やめた。同じように考えている人が思いのほか多かったからだ。競争環境が激しいので成功確率が低いと感じた。

次に考えられるのが、②の楽天やDeNAといった球団をもっている親会社に入社して出向するパターン。①より成功確率は高いが、数年後、本社に戻らなければならないのが難点。とはいえ一瞬でもスポーツ業界で仕事をして人脈を作れるのは大きい。各球団数名いるので、①に比べ可能性が高いと感じている。

次に考えられるのが③。アルバイトで球団に入るパターン。これは意外とおいしいパターンだと思っている。アルバイトでの動きがいいと、なくてはなら

ない存在になり、そのまま職員に採用されるケースがある。各球団に数名いて、②と違って数年後、親会社に戻ることもない。

しかし、私が最も勧めているのが④の何らかの圧倒的なスキルセットを20代で身につけてからスポーツ界に入るパターンである。若いときはスポーツ業界に入りたいと「業界軸」で考える方が多いが、どの会社でも営業やマーケティングといった機能はある。業界を決めたら動きにくくなるので、何を極めるか、機能軸で徹底的にスペシャリストになり、そのスキルをスポーツ業界にもってくればいい。30代、40代になって市場価値が高まったとき、その武器とともに行きたい業界に行けばいいと言い続けている。

スポーツ業界の給料は年齢×10万円といわれている。そのようななか、しっかりスキルセットをもった人はそれなりの給料をもらえる世界になってきている。

「**スポーツ×IT**」「**スポーツ×法律**」は、今スポーツ業界で求められている人材である。

スポーツ業界は若い社長が待望されている

スポーツの現場に若くて優秀な人がどんどん入ってくるのは今後大事になってくるが、それと同時にトップも若くある姿が望ましいと考える。

B.LEAGUE各クラブの社長が集まる会議を「実行委員会」と呼び、定期的に開催している。B.LEAGUEをより良くするための運営組織で、理事会に提案する前に議論する場である。クラブ間で損得が発生する議題が大半で、リーグで運営していくのも正直一苦労であるが、極めて皆さん論理的で、発想が柔軟である。「自分のクラブにとっては不利益だけど、業界全体にとってはこの方向性も理解できる」みたいな発言もよく出る。

これはいったい何なのか？

B.LEAGUEクラブの社長は「若くて」かつ、親会社から出向でない「プロの経営者」が多いことが大きいと感じている。若くて、プロなので、発想が柔軟で、かつ広い視点から物事を捉えられている。

我々でスポーツ界のトップのプロフィールを調査してみた。

B.LEAGUEクラブの社長の平均年齢は48歳（2018年3月時点）。45歳未満の社長は13人もいて、全体の約3分の1もいることになる。

野球（ＮＰＢ）はほぼ大半が親会社からの出向社長で平均年齢が59歳。Ｊリーグも親会社からの出向社長が意外と多く55歳。

ちなみに、世の中全体の社長の平均年齢は60歳。

B.LEAGUEの社長は圧倒的に若い。年配者を否定するのではないが、一般的に考えて若い経営者のほうが、新しいことに貪欲で、世の中の変化への感度が高いと感じている。

アメリカを見渡すと、現在シカゴカブスの副社長セオ・エプスタイン。彼は弱冠28歳のとき、ボストンレッドソックスの選手編成の最高責任者であるＧＭに就任した。当時史上最年少の若さであった。彼をはじめとして、その後、次々と若い世代が経営幹部に就任している。

ＮＰＢの世界に自身もいて感じたのだが、やはり3年おきに本社から社長が送られるのは大変つらい。最初は「ファン」と「来場者」の違いもわからず、ただひたすら「ファンを増やす」しか言わない。少しずつスポーツビジネスの世界が理解され始めたと思えば、そのタイミングで本社に戻ってしまうということの連続で、施策の継続性は取りづらかった。

スポーツ界に限らず、一般的な会社でも、子会社社長論として同様のことがあるので、スポーツビジネスだけ特殊性があるとは思わないが、スポーツというわかりやすい商材ゆえ、新しい社長も本社も過剰に現場に指示しがちである。やはりうまくいっているプロ野球の球団は、本社関与が低く、若くて優秀なトップを据えている印象が強い。

野球もサッカーも、フロントの高齢化を感じる。B.LEAGUEではもっと若い人の力でダイナミズムをもって動かしていければと思っている。そのうち私も老害扱いされるぐらいに。

葦原の気づき

選手もプロ化したのであれば、フロントもプロ化が必要。この2年間、見てきて感じたこと。それは、やはり社長はじめフロントがしっかりしていれば、事業をしっかり回し、稼いだお金で選手に投資して勝利を勝ち取ることができるということ。成功しているクラブはこういう好循環を生み出している傾向が強いと思います。社長はじめフロントがすべてのドライバーになっているのです。

04 社会課題とB.LEAGUE

B.LEAGUEの真の、
そして究極のゴールとは?

なぜ、稼ぐのか? 選手年俸を上げるため?
強化のため?
その先にある目的は何か?
それもこれもすべては
一見「目的」に見えて
「手段」に過ぎないと思っている。

B.LEAGUEの最終目標

リーグの売上は10倍、入場者数も2年で＋50％と大幅増、選手年俸も平均1100万円と上昇、コート上の競技レベルも確実に上がっていると思う。

一見、順調そうに見えるB.LEAGUE。そのなかで、今思うことがある。

究極のB.LEAGUEの目標は何なのか？　と。

売上がＮＢＡ並みに大きくなることなのか？　選手年俸がＮＢＡ並みに高くなることなのだろうか？　日本代表がオリンピックで金メダルをとることなのだろうか？

本当にそれが究極の目標なのだろうか？　それで、立ち上げ時から必死に働いてくれたスタッフ、クラブスタッフ、選手たち、もっと言えば、長らく支えてくださったバスケ界の方々にとって、それが究極のゴールなのだろうか？

その瞬間、心の底から報われたと思うのだろうか？

２０１５年冬。

私は大河チェアマン、マーケティング部長の安田、競技運営部長の増田と豪雪のニューヨークに向かっていた。目的は、日本で新リーグを立ち上げるにあたっての、ＮＢＡへの表敬訪問。３日間という短い時間だったが、すべての部署の方とヒアリングさせていただいた。映像制作スタジオなどたくさんの施設も見学した。

そこでの1セッション。社会課題を担当するグループとのヒアリング。NBA Cares（ケアーズ）。それはNBAが社会課題に対してアクションするプログラムの総称である。この分野は、日本では、言葉の定義があいまいである。「地域密着」「地域貢献」「社会貢献」などなど。

日本のプロ野球やサッカーで働いているスタッフに、この分野の話を聞くと、大抵、幼稚園や小学校を訪問してスポーツを教えることや地元の商店街を回って地元の方々とコミュニケーションすることを想起する。

しかし、彼らがやっていることのポイントはそこではない。

「今、世界で起きている社会課題をスポーツの力で少しでも変えていく」という不退転の決意でやっているとのことだった。

SDGs※のフレームワークを見ていただくとよくわかるのだが、飢餓、地球温暖化、差別などなど、この世の中の課題は多種多様である。

そのような社会課題に対して、今NBAは何ができるか？を真剣に考えている。最大のポイントは、**この活動を、選手個々でなく、1クラブでなく、リーグ全体で実施している**こと。

※SDGs

Sustainable Development Goalsの略称。2015年9月の国連サミットで採択された「持続可能な開発目標」を指す。

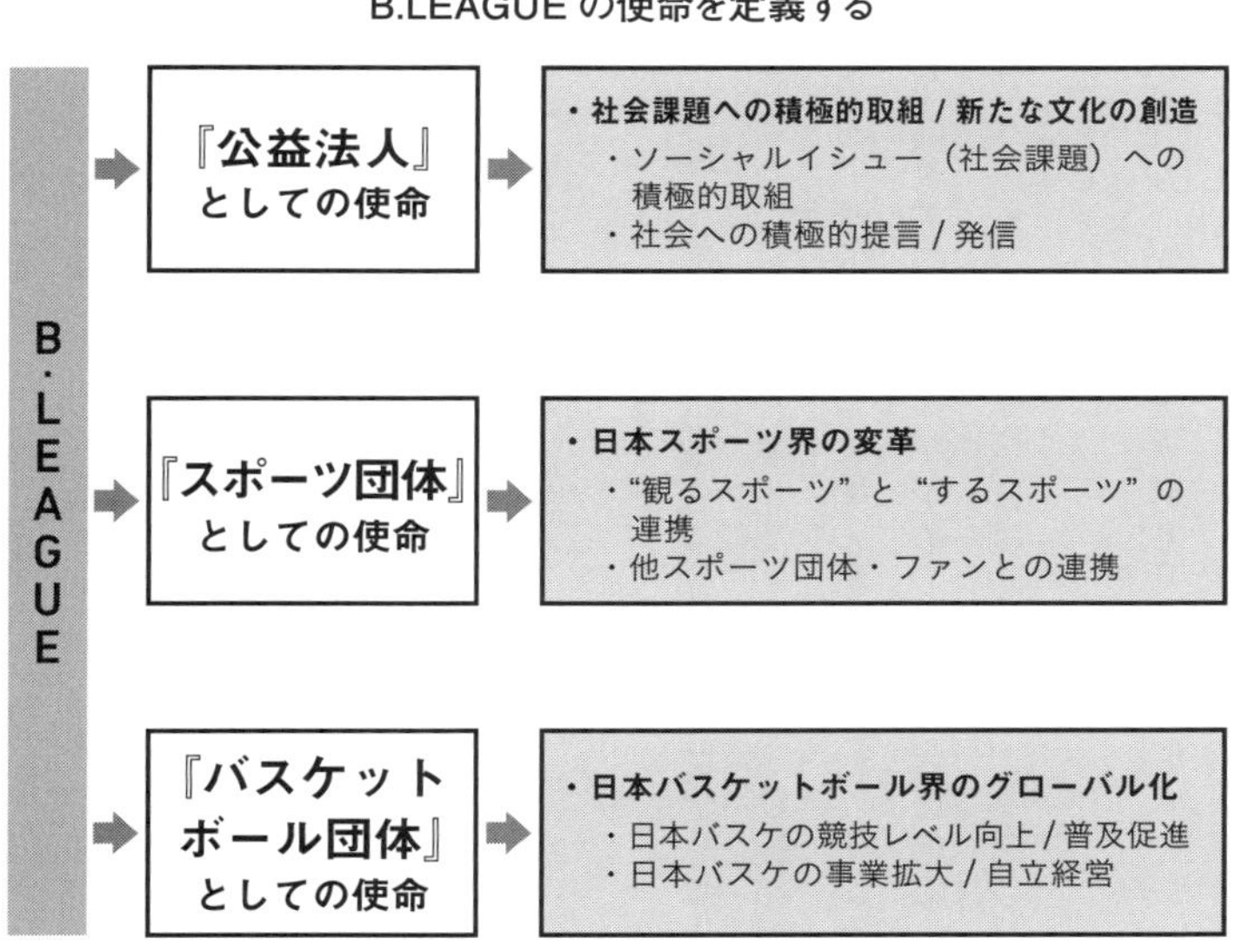
B.LEAGUEの使命を定義する
B・LEAGUE
『公益法人』としての使命
・社会課題への積極的取組 / 新たな文化の創造
・ソーシャルイシュー（社会課題）への積極的取組
・社会への積極的提言 / 発信
『スポーツ団体』としての使命
・日本スポーツ界の変革
・“観るスポーツ”と“するスポーツ”の連携
・他スポーツ団体・ファンとの連携
『バスケットボール団体』としての使命
・日本バスケットボール界のグローバル化
・日本バスケの競技レベル向上 / 普及促進
・日本バスケの事業拡大 / 自立経営
「スポーツで社会を変えられる/変える」。

この想いを大切にして進んでいきたい

※ソーシャルイノベーション

イノベーションは「革新」という意味。「ソーシャル」がつくことで社会的な課題を解決し、新しい社会的価値を創造するための革新的なアイデアを実践することをいう。

もちろん、選手個々の活動は素晴らしい。でもやはり露出も限定的になるし、課題解決のインパクトも限定的である。1クラブでの活動は、1選手より大きな影響は与えるが、それでもまだまだかもしれない。すべての選手、すべてのクラブが一体となって取り組むことにダイナミズムがある。

世界のリーグで、最も進んだソーシャルイノベーション※を起こしているのがNBAなのだ。

仕事がしたい…入院した従弟の一言

私事で恐縮であるが、NBA Cares担当者のヒアリングを終えたとき、2011年夏のことを思い出した。私には、9歳年下の従弟がいる。亘（わたる）である。

小さいころ、所沢にある従弟の家によく行っていたのだが、食べるのが大好きで、歳が離れているにもかかわらず、私の2倍以上食べていた。なので、体重も100kg近く。巨大な従弟は阪神タイガースファンということもあり、よく野球談議をしていた。

そんな彼だが、21歳で急遽体調不良で入院。そりゃあれだけ食べれば太るし、体調も壊す。駒込病院に入院しているというので、応援気分半分、冷やかし半分でお見舞いに行った。その際、阪神タイガースの話、競馬の話、久々にたくさん話をした。その流れで何気なく、私は聞いた。

「今、いちばん何したい？」

ひたすら病室にこもり切りの生活。気軽に聞いた私は、「牛丼を腹いっぱい食べたい」「競馬場に行きたい」とか言うと思っていたが、返ってきた一言は意外なものだった。

「仕事がしたい」

正直、その答えを聞いたとき、驚いた。社会とつながっていない感覚があり、「何の存在意義が自分にあるのか？」と悩んでいたのかもしれない。**究極的には、人間は社会と関係をもつことに意義がある**のだ、と感じた。いくらご飯を食べて好きなことをして満足しても、死んでしまえば単なる自己満足でおしまい。お金をいくら稼いだとしても、死んでしまえば結局は紙くずなのだ。

スポーツの力

人間にとって究極の問いは、「すごいね！」と呼ばれることと、「ありがとう！」と呼ばれることのどちらがうれしいのか？ではないかと思っている。

人間の究極の性（さが）は、一言でいえば、結局は自己満足。でも、その自己満足が、相手から賞賛されることでの自己満足と、感謝されることでの自己満足、どちらがうれしいのか？

ちょっとオーバーな表現だが、たくさんお金を持っていたり、たくさんトロフィーをもらったりして、死ぬときに、「すごいね！」と言われて死ぬのと、お金や名誉はないが、たくさん近くの人や遠くの人のために尽力して「ありがとう」と感謝されて死ぬのはどちらがいいのか？

そんな究極的な問いを自分に投げかけているような、亘の「仕事がしたい」というシンプルな一言だった。

その亘。お見舞い訪問後、体調がどんどん悪化していった。

病院の先生から余命いくばくもないことを家族には伝えられた。本人は病気の詳細や余命のことは知らされず、駒込病院から小さなころから過ごした福岡へ戻った。

叔母によると、体調も悪く、車椅子でないと動けなくなってしまったせいで、家に引きこもってしまったとのこと。叔母も相当悩んでいた。亘は肉体的にも、精神的にも辛かったようで、気分転換のため、叔母は外に出したかったようだが、彼から返ってくる答えは「どこにも行かない」と。

※レブロン・ジェームズ

NBAのロサンゼルス・レイカーズに所属するバスケットボール選手（アメリカ）。NBAチャンピオン3回、MVP4回の他、数々の最年少記録、歴代記録を更新している。

※ステファン・カリー

NBAのゴールデンステート・ウォリアーズに所属するバスケットボール選手（アメリカ）。NBAチャンピオン3回、MVP2回。2015-2016シーズンには402本の3ポイントシュートを決めるなど、リーグ屈指のシューター。

そのとき、相談された私が叔母に言った一言は、「甲子園に行こうと提案してみたら？」ということ。ダメもとで、叔母が聞いたところ、返ってきた答えは、「野球なら行く」。

このとき、思ったのは、**スポーツの力はとてつもない**、ということ。心身ともに追い込まれた人間が唯一許したツールはスポーツだったのである。

２０１１年８月９日。４年間の闘病をへて亘は静かに息を引き取った。甲子園に行く２週間前に。８月９日、そう「野球の日」にあの世に逝ってしまった。

ＮＢＡスターたちの社会貢献活動

話はNBA Caresに戻る。

ヒアリングしてわかったのだが、ＮＢＡオールスターの前日がすごいことになっている。

その日は、レブロン・ジェームズ※やステファン・カリー※といったスーパースターたちと一般の人たちが一緒になって、恵まれない子供たちのために、遊具を作ったりするのだ。のちに、リーグスタッフがこのプログラムの視察に行くのだが、そこには俗にいうやらせはなかった。雨の中、何時間もかけスーパースターたちが黙々と作業をしているのだ。当然、一般の人も選手たちにサインを求めることも一切なく。

スター選手たちの一言には、一般の人たちの一言とは比べ物にならないほどの影響力がある。彼らが、社会の課題を自分たちの言葉で語ると、どれだけ世の中に影響を与えられるか。

今、アメリカでは新しいスポンサーの形として、ソーシャルパートナーシップが生まれつつある。

競技団体、NPO、スポンサーが三位一体となったスポンサースキームである。NPOは社会課題の解決方法はわかっているが、告知とお金がない。競技団体はお金や社会課題解決に関するノウハウはないが、選手たちを使って社会課題を告知することはできる。スポンサーは社会課題解決に関するノウハウがなく告知手段も限られるが、お金はある。

三者の強み、弱みを補い合った、新しいスポーツスポンサーシップスキームは今後日本にも展開されるであろう。実際、NBA Caresではたくさんのスポンサー企業がある。

第3世代のB.LEAGUEは何をするのか？

B.LEAGUEは事業規模や入場者数、選手強化に関しても順調である。しかし、それが本当にゴールか？　そんなことを思っていた矢先の、NBA Cares訪問。久々に日本スポーツ界にできたプロスポーツリーグ。我々がすべきことは何か？

第1世代のプロ野球。象徴と言えば巨人であり、ON（王・長嶋）だった。全国放送されている巨人が勝てば喜び、負ければ翌日おやじの機嫌が悪くなる。高度経済成長期におけるスポーツの位置づけは勝敗至上主義であり、日常の中に「（勝って）うれしい」という価値を添えてくれるものだった。

続いて、1993年に立ち上がった第2世代のJリーグ。彼らは勝ち負けも大事だけど、「地域密着」を看板にかかげ、おらが町に小さなクラブがあることはとても「楽しい」ことだと教えてくれた。今は小さく、弱いチームだけど、いつかはビッグクラブに、地方に光を、そんな世界観だと思う。スポーツの価値観を大きく変えたJリーグの創出は偉大だった。

そして、第3世代のB.LEAGUEは何をするのか？

事務局内でも徹底的に議論した。たどり着いた答えは、スポーツで「うれしい」価値観を与えるのでなく、「楽しい」価値観を与えるだけでなく、「すごい／ありがとう」と捉えられるツールにしたいな、ということだった。
世の中の社会課題はさまざまある。その大きく険しい課題に対して、微々たる影響しか与えられないかもしれないが、真っ向からぶつかっていきたい。リーグ、クラブみんなでぶつかっていければ、少しは社会を変えられるかもしれない。そしたら、子供たちからこう言われるだろう。「B.LEAGUEってすごいね」。もしかしたら、とある人からこう言われるかも。「変えてくれてありがとう」と。

なぜ、売上を上げるのか？　その先にある目的は何か？　それは選手年俸を上げるため？　強化のため？　でも日本バスケが強くなって、それは何の役に立つのか？　それもこれもすべては一見「目的」に見えて「手段」に過ぎないのでは？

人間も会社体も一緒で、究極は社会への帰属だと思っている。

葦原の気づき

B.LEAGUE Hope（225ページ）**を立ち上げて思いのほか悩んだのが、どの社会課題から取り組むのか？　そしてそれはなぜか？　ということ、バスケの特性を意識しつつ深く議論していきたいと思います。**

B.LEAGUE の本質的価値をつくり出す

	第 1 世代	第 2 世代	第 3 世代
時代	昭和	平成	NEXT
社会的ニーズ	利便、物理的欲求、ゼロサム	娯楽、精神的欲求、プラスサム	社会的帰属
スポーツ	野球	Jリーグ	B.LEAGUE
放映	地上波	ローカル / メディア	ネット中継（SVOD）
チケット	招待券	実券（リアル）	オンラインチケット
キーワード	“広告宣伝”“勝利至上”	“地域密着”“エンタメ”	“文化創造”“Social Issue”
ファンにとってのスポーツの本質的価値	巨人が勝って“うれしい！”	スポーツって“楽しい！”	スポーツで社会を変えられて“すごい”

時代とともにスポーツの本質的価値は変遷している

05

プロセスとゴールを意識する

努力でしか成功確率は高められない

私はいつも頭の中にグラフをイメージしている。
横軸は「努力」、縦軸は「結果」
昨日よりも1％の努力を積み重ねると、
1年後は37倍に成長するのだ。
努力をし続けるとその偏差は小さくなり
成功確率は高まる。

日本版NBA Caresを立ち上げた理由

中学3年からスポーツに携わる仕事をしたいと決めてから、20年以上。なんの疑問ももたず、ただひたすら、スポーツが好きだからというだけで突き進んできたが、今、ここではじめて、「スポーツとは結局何ぞや?」という壁にぶつかった気がする。

スポーツというのは、先の章でも述べたが、有能な「コミュニケーションツール」であり、「社会課題解決」のツールでもあると、昨今痛切に感じている。明治初期に日本に入ってきたスポーツ。今日まで、学校体育の影響が大きく「肉体的な動きで競争することによる〝心身の鍛錬〟」がスポーツの定義とされてきた。今こそ大きくスポーツの価値が変わっていくべきだと考えている。

NBA視察から日本に帰ってきてアクションしたこと。まずは、日本版NBA Caresの立ち上げだった。

B.LEAGUE Hope。

事務局スタッフに考えてもらい、こういうプログラム名にした。Caresだと日本人にはわかりづらい。

Hope。シンプルだが、とてもわかりやすく、良い名前だと思う。

熊本地震復興支援、小児難病支援など具体的に動き始めているが、この活動、実は、まだひっそりやっている。あまり大々的にプロモーションしてはいない。

理由は2点。

まず、このような類のプロモーションはオウンドメディアで積極的に展開しても自己満足のような印象を与えてしまう。そのため、世の中が気づいてくれたときに自然にじわりと露出がかかればいいと思っている。

もう1点は、ブランディングの観点。まだまだ立ち上がったばかりのB.LEAGUE。かっこよさや破天荒さのイメージが今は大事だと思っている。当面は今の世界観を形成しつつ、いつかはどこかのタイミングで、「実はこんな超真面目なことをやっていたんだよ」と見せられるのが良いかな、と思っている。

日本人が好きなギャップの世界である。

チャラチャラしているけど実は超真面目

異なる表現で記すなら、「超真面目な青年がおばあちゃんをおんぶして横断歩道を渡るよりも、ロン毛茶髪なお兄ちゃんがおばあちゃんをおんぶして渡るほうが意外性があり、そのギャップで、より印象が良くなる」。

そのような感じだろうか？

逆はない。真面目ぶって実はチャラチャラしている。このパターンは日本人には響かない。

チャラチャラしているようで、実は超真面目。この世界観が響くと捉えている。

いつも社内会議でこう言っている。「超エンタメ8割。超真面目2割」。

8割が真面目でなく、エンタメであること、そして、「超」がついていること、これがポイントである。何でも突き抜けてやらないと物事は意味がない。エンタメも超ぶっとばし、真面目なこともトコトン考える。プロジェクションマッピングでもいいのだが、どうせやるなら全面LEDコートのような世界初のことをやってみたい。地元の幼稚園や商店街をまわることもいいのだが、どうせやるなら、世界の社会課題を解決するようなことを。江頭２：50の名言、「１クールのレギュラーより１回の伝説」。この言葉も最近、事務所内で使っている。

とにかく自分では届かなそうな、遠いところに置き石をドスンと置くことが大事だと思っている、

かつてイチローが大リーグ２０００本安打を打ったとき、こう言っていた。「小さなことを積み上げることが、とてつもないところへたどり着く唯一の道」

置き石はビックリするようなところに置く。そして、それに向かってこつこつ愚直に突き進んでいく。それでいいと思っている。

毎日１％成長したら、１年で何倍になるか皆さんご存知だろうか？

ダイエットするためにちょっとご飯を減らそう、英語を話せるようになるため今日はこの１フレーズを覚えよう。そんな日々の１％の努力。そんなたった１％の成長を日々積み重ねてみるとどうなるか？

毎日１％の積み上げで、１年後には37倍になる。そう、ちょっとした変化の積み上げで、１年で37倍になる。１・０１の３６５乗である。

「努力」と「結果」の関係は「直角三角形の法則」で説明される

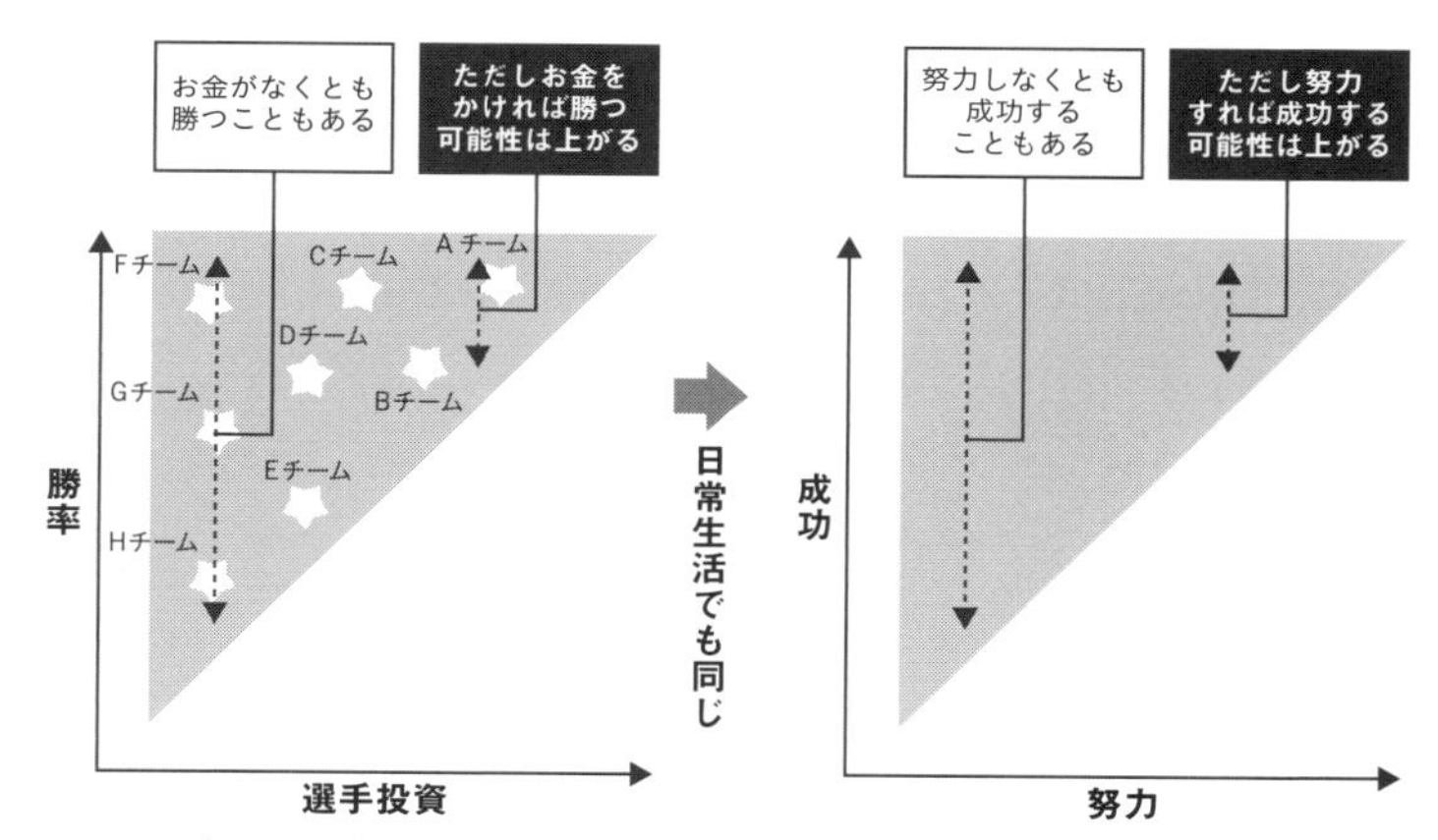

お金がなくても勝つこともあるし、負けることもある。
しかし、お金をかけると、バラツキは低減し、勝つ可能性が高まる。
その現象をシンプルに表現したのが、直角三角形の法則

イチローは27年間、その1％の努力を積み上げ、4000本近いヒットを日米で打った。彼は自分のことを「天才」ではなく、「秀才」と言っている。彼のなかで天才とは自分の予定していないことをできてしまう能力で、秀才とは努力の範疇でできてしまう、という趣旨のコメントをいたるところでしている。

努力でしか成功確率は高められない

私は、いつも頭の中に、横軸に「努力」、縦軸に「結果」のグラフをイメージしている（前ページ参照）。そのグラフは左上に直角がある「直角三角形」。

つまり、努力しなくても結果を出すこともあるが、失敗することもある。ただし、努力をし続けるとそのボラティリティ（偏差）は小さくなり、努力をすればするほど成功確率が高まっていく……そんなイメージです。

昔から、「努力しなくても成功する場合はある」「努力しても失敗することがある」ということがあるが、この図のとおり、それは正しい。だからといって努力しない、という結論がおかしいのである。

結局は努力でしか、成功確率を高められないので。

ちなみに、この関係は選手年俸投資と勝率との関係と同じである。横軸が選手年俸投資で縦軸が勝率。お金をかけなくても勝つこともあるし、お金をかけても負けることもある。しかし、少なくとも1つ言えるのは、ある程度、お金をかけると、かなり高い確率で上位クラスに入るということ。

話がそれてしまったが、とことん高い目標をもって、コツコツ頑張ること、その信念を持って事務局運営をしている。

「B.LEAGUE Hope」はまだまだ大きく打ち出せてはいないが、これからは、より具体的な社会課題を設定し、B.LEAGUEでできることは何かを突き詰め、1歩ずつ進めていければと思っている。

その社会課題は、びっくりするくらい大きな置き石で。

葦原の気づき

B.LEAGUEがやるべきことは、地域活動でも地域貢献でも地域活性でもなく、「社会課題解決」と言い続けてきました。少しずつ認知され、理解され始めてきていると感じています。まだ共感レベルで、行動レベルまで達していないのですが、この領域だけはあせらずやっていきたいと考えています。

あとがき

これまでリーグ立ち上げ準備期間1年、そしてB.LEAGUEが立ち上がって2年、合計3年、ただただひたすら全力で走り抜けてきました。

バスケも全体の事業規模もB.LEAGUE以前と比べ、約3倍ぐらいに成長しました。男子日本代表が世界ランキング10位のオーストラリアを撃破。そして、将来を期待されている渡邊雄太選手がNBAと2way契約を結んだり、確実に2年前には想像できなかったことが今起きています。

一見順調そうに見えるB.LEAGUE。

でも、実態はそう順風満帆ではありません。大きなシステムトラブルも起こした。外国籍選手の大麻問題も発生した。選手がうっかり不適切なSNS投稿して大問題になったりもしました。先月、アジア大会で男子日本代表選手の不祥事もありました。数々のトラブルに関して、改めて深くお詫び申し上げます。

そして、実はリーグ事務局スタッフはこの3年で多くの離職者を出しています。前向きに次のチャレンジに進みたい人、現場の運営にかかわりたいとクラブに行った人、家族での事情で辞めてしまった人、そして、組織に何らかの疑問を感じて辞めていった人。さまざまな理由がありました。

強烈に走り抜けた反動であり、言い訳にもなってしまいますが、組織として基盤が弱かったことを今、とても強く感じ、反省しています。

経営においていちばん大事なのは、やはり「ヒト」だと思っています。優秀な人材がのびのび働いてアウトプットを出してくれれば、勝手に会社は回っていく。大きな方向性と一定の規律があれば。

今、いろいろなベンチャー企業のヒアリングをさせてもらっています。立ち上げ時の苦労、そして、数年たったあとの苦労などなど。立ち上げ時はふわっとしたビジョンがあるものの、ひたすらビジネスモデルの確立や収益化優先。一方、その最初の数年で何人も辞めてしまい、数字の目途が少しつき始める立ち上げ3年目ぐらいで改めて社内基盤やビジョンを再設定する……そのようなパターンが多いようです。

今、全力で走り続けた3年を反省するとともに、改めて社内の行動指針を作ろうと社内スタッフ全員と意見交換しながら、検討しているところです。

その手始めとして何が重要かを再認識するために、事務局の行動規範を言語化しました。

それを最後に紹介したいと思います。

① **BE RESPECTFUL 「信用」ではなく「信頼・尊重」を！**

仲間を信じる。そして頼る。今を信じ、将来を信じる。そして、常に相手に感謝の気持ちを。リスペクトから始めよう。

② **BOOST UP 「馴れ合い」ではなく「高め合い」を！**

コミュニケーションは大事。しかし、決して甘え合ってはならない。理想の姿にたどり着くためには、相手を尊重しつつも言うべきことははっきり言う。〝バスケがうまい高校〟でなく〝バスケが強い高校〟になろう。

③ **BEKI-RON FIRST 「できる論」ではなく「べき論」を**

公明正大。あるべき姿の信念をもち、私心をはさまず、公正に事を行うこと。べき論で物事を決めたらぶれずに徹底推進。

④ **BE A CHALLENGE** 「2本打って2本」ではなく「10本打って3本」を！

失敗を恐れずシュートを打つ。失敗して学べることがある。常にチャレンジを！

⑤ **BE INSPIRING** 「満足」ではなく「感動」を！

単なる満足では人のココロは動かない。とにかく粘り強く、期待をはるかに超える感動レベルのモノを提供できたとき、人のココロは動く。

B.LEAGUEなので、「B」から始まる言葉で、バスケは5人でやるので「5つ」の考え方をまとめました。

なかでもやはり私自身がいちばんこだわっていることが「信頼・尊重」。

上下の関係であっても、横の関係であっても仕事を進めていくうえで、信頼関係があるかないかで、仕事のアウトプットや、スピード感が異なってきます。

他部署への信頼関係がないと、専門外の分野においても、すべてにおいて干渉してしまい、最高のアウトプットにはならず、業務の推進スピードも落ちてしまいます。

「本質において一致。行動において自由。すべてにおいて信頼」

私のいちばん好きな言葉です。キリスト教の古い教えです。

ビジョン、本質、ゴールにおいてもみんなが同じ認識をもっていれば、その進め方は各々のプロフェッショナルが個別の判断で進めていく。そしてそれを進めていくうえでいちばん重要なポイントは信頼である。

まだまだ2歳赤ん坊のB.LEAGUE。何かを達成できたかといえば、まだまだ最初の1歩を踏み出したに過ぎず、いよいよここからが本当のスタートです。

たくさんのファンの皆様、クラブ・選手の皆様、パートナーの皆様、メディアの皆様、自治体の皆様など多くの方々のご尽力でここまでやってきました。改めて深く感謝申し上げます。

そして、リーグスタッフの皆さん、いつもありがとうございます。志高く、引き続きよろしくお願いします。

BIG SMILE。

とにかく世の中の人たちが大きな笑顔に包まれるように頑張っていきましょう。そのためには、まず自分たちが楽しんでいかないとそれ以上楽しいものは生み出せないと思っています。「楽しい」を上回るエンジンはないでしょう。

とびきりのBIG SMILEで進めていきましょう。

最後になりましたが、皆さま、最後までお読みいただきありがとうございました。もしよろしければ私自身SNSのアドレスをもっていますので感想をいただければ幸いです。

約1年半前、とあるセミナーの登壇後、「本を書きませんか？」とお声をかけていただいたあさ出版の清水典夫さん、そして編集協力していただいた経沢希志子さん、完成まで長い時間がかかってしまいましたが、お二人の熱い想いでようやくここまでこれました。本当にありがとうございます。

みんなが自分らしく生きがいをもつことができる。スポーツを通じて、そのような社会になる日が来ることを信じています。

葦原　一正

2018年9月

HAPPINETS
田
ーザンハピネッツ
LEVANGA
HOKKAIDO
レバンガ北海道
WATS
青森ワッツ
SENDAI 89ERS
仙台89ERS
山形
ワイヴァンズ
FUKUSHIMA
Firebonds
福島ファイヤーボンズ
TOCHIGI
BREX
栃木ブレックス
GUNMA CRANE
THUNDERS
群馬
クレインサンダーズ
ROBOTS
茨城ロボッツ
CHIBA
JETS
千葉
ジェッツ
ALVARK
TOKYO
アルバルク東京
SUN
ROCKERS
SHIBUYA
サンロッカーズ渋谷
SeaHorses
MIKAWA
シーホース
三河
BEE
TRAINS
八王子
ビートレインズ
ーグルス
古屋
NAGOYA
名古屋
ダイヤモンド
ドルフィンズ
BCORSAIRS
横浜
ビー・コルセアーズ
KAWASAKI
BRAVE THUNDERS
川崎ブレイブサンダース
EARTHFRIENDS
TOKYO Z
アースフレンズ
東京Z

2018-2019 B.LEAGUE　各クラブ紹介マップ

B.LEAGUE 2018-19 SEASON

新潟
アルビレックスBB

金沢武士団

信州ブレイブウォリアーズ

富山グラウジーズ

香川ファイブアローズ

西宮ストークス

島根スサノオマジック

京都ハンナリーズ

滋賀レイクスターズ

広島ドラゴンフライズ

愛媛オレンジバイキングス

ライジングゼファー福岡

熊本ヴォルターズ

バンビシャス奈良

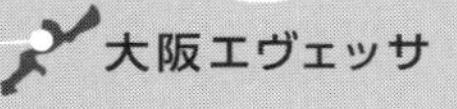

大阪エヴェッサ

琉球ゴールデンキングス

三遠ネオフェニックス

著者紹介

葦原一正（あしはら・かずまさ）

公益社団法人ジャパン・プロフェッショナル・バスケットボールリーグ(B.LEAGUE)
常務理事・事務局長
公益財団法人日本バスケットボール協会（JBA） 理事
一般社団法人ジャパン・バスケットボールリーグ（B3）理事
B.MARKETING 株式会社取締役
1977 年東京都生まれ。早稲田大学大学院理工学研究科卒業。2003 年、外資系戦略コンサルティング会社「アーサー・D・リトル（ジャパン）」入社。
2007 年、プロ野球チーム「オリックス・バファローズ（正式名称：オリックス野球クラブ）」に入社。主に事業戦略立案、新ブランド戦略立案などを担当。パ・リーグ6球団共同出資会社「パシフィックリーグマーケティング」にてセールス＆マーケティングディレクター兼務。
2012 年、新規参入した「横浜 DeNA ベイスターズ」に入社。主に事業戦略立案、プロモーション関連などを担当。
2014 年、「フィールドマネジメント」入社。
2015 年、「公益社団法人ジャパン・プロフェッショナル・バスケットボールリーグ」入社。男子プロバスケ新リーグ B.LEAGUE 立ち上げに参画。リーグの経営戦略・ビジョンの策定から、マーケティング、営業、広報…各部門の統括リーダーとして事務局の陣頭指揮にあたる。本書が初の著作。

● Twitter　twitter.com/kazu_ashihara
● Instagram　instagram.com/kazumasa_ashihara/

編集協力　経沢希志子

稼（かせ）ぐがすべて　Bリーグこそ最強（さいきょう）のビジネスモデルである　〈検印省略〉

2018年　9　月　25　日　第　1　刷発行

著　者――葦原　一正（あしはら・かずまさ）
発行者――佐藤　和夫

発行所――株式会社あさ出版
〒171-0022　東京都豊島区南池袋 2-9-9 第一池袋ホワイトビル 6F
電　話　03（3983）3225（販売）
　　　　03（3983）3227（編集）
ＦＡＸ　03（3983）3226
ＵＲＬ　http://www.asa21.com/
E-mail　info@asa21.com
振　替　00160-1-720619

印刷・製本　美研プリンティング（株）
乱丁本・落丁本はお取替え致します。

facebook　http://www.facebook.com/asapublishing
twitter　http://twitter.com/asapublishing

ISBN978-4-86667-086-7 C0075